T0279519

Demasiado tarde
para despertar

Slavoj Žižek

Demasiado tarde para despertar

¿Qué nos espera cuando no hay futuro?

Traducción de Damià Alou

EDITORIAL ANAGRAMA

BARCELONA

Título de la edición original:
Too Late to Awaken. What Lies Ahead When There is No Future?
Allen Lane
Londres, 2023

Illustración: © lookatcia

Primera edición: mayo 2024

Diseño de la colección: lookatcia.com

© Slavoj Žižek, 2023

© EDITORIAL ANAGRAMA, S. A., 2024
    Pau Claris, 172
    08037 Barcelona

ISBN: 978-84-339-2423-0
Depósito legal: B. 3112-2024

Printed in Spain

Liberdúplex, S. L. U., ctra. BV 2249, km 7,4 - Polígono Torrentfondo
08791 Sant Llorenç d'Hortons

INTRODUCCIÓN: ENTRE *FUTUR* Y *AVENIR*

Como neurótico obsesivo que soy, me despierto regularmente un par de minutos antes de que suene el despertador, sea cual sea la hora a la que lo haya programado o la zona horaria en la que me encuentre. Pero sería un error interpretar esta peculiaridad como una señal de que soy plenamente consciente de la necesidad de despertarme: más bien lo hago para evitar la traumática experiencia de ser despertado. ¿Por qué?

El apóstol Pablo caracterizó su propia época de un modo que parece encajar perfectamente con nuestro momento actual: «Y esto, teniendo en cuenta el momento en que vivimos. Porque es ya hora de levantarnos del sueño» (Romanos 13:11). Sin embargo, la experiencia histórica reciente más bien parece demostrar lo contrario: *no hay un momento adecuado para despertar.* O bien nos asustamos demasiado pronto, y así parecemos sembrar un pánico vacío, o bien nos damos cuenta cuando ya es demasiado tarde. Nos consolamos pensando que aún estamos a tiempo de actuar, y de repente, nos damos cuenta de que no es así. Una vez más: ¿por qué?

Cuando alguien se queda trabajando o divirtiéndose

hasta altas horas de la madrugada, solemos decirle que es demasiado tarde para estar despierto. Pero ¿y si en nuestro momento histórico es más bien demasiado tarde para despertarse? Oímos constantemente que faltan cinco minutos (o un minuto, o incluso diez segundos) para el mediodía, para el día del juicio final global, y que ahora es nuestra última oportunidad de evitar el desastre. Pero ¿y si la única forma de evitar una catástrofe es asumir que ya ha ocurrido, que ya han pasado cinco minutos de la hora cero?

¿Qué nos espera cuando no hay futuro? En francés (y en algunas otras lenguas, como la mía, el esloveno), hay dos palabras para «futuro» que en inglés no se pueden diferenciar de manera adecuada: *futur* y *avenir*. *Futur* representa el futuro como continuación del presente: la plena realización de tendencias que ya están en marcha. *Avenir* apunta hacia una ruptura radical, una discontinuidad con el presente, hacia algo nuevo que está *por venir* (*à venir*), no solo lo que será. Si Trump hubiera ganado a Biden en las elecciones de 2020, habría sido (antes de las elecciones) el futuro presidente, pero no el presidente del porvenir.

En la situación apocalíptica actual, nuestro horizonte último –el *futur*– es lo que Jean-Pierre Dupuy llama el «punto fijo» distópico: un punto cero de guerra nuclear, colapso ecológico, caos económico y social global, el ataque de Rusia a Ucrania que provoca una nueva guerra mundial, etcétera. Aunque se posponga indefinidamente, este punto cero es el «atractor» hacia el que tenderá nuestra realidad, abandonada a sí misma. La forma de combatir esta catástrofe futura es mediante actos que interrumpan nuestra deriva hacia el «punto fijo». Podemos ver lo ambigua que es la salmodia de «No hay futuro» de los Sex Pistols: a un nivel más profundo, designa no la imposibilidad del cambio, sino precisamente aquello por lo que deberíamos esforzarnos: romper el control que el «futuro» catastrófico ejerce sobre nosotros y, de este modo, abrir un espacio para algo Nuevo «por venir».

Lo que quiere decir Dupuy es que, para afrontar adecuadamente la amenaza de la catástrofe, necesitamos introducir una nueva noción del tiempo, el «tiempo de los proyectos». Deberíamos concebir un circuito cerrado entre el pasado y el futuro: el futuro es producido causalmente por nuestros actos en el pasado, mientras que la forma en que actuamos está determinada por nuestra previsión del futuro y nuestra reacción a lo que hemos previsto. Si consideramos que nuestro destino es la catástrofe, algo inevitable, y luego nos proyectamos en ese futuro, adoptando su punto de vista, insertaremos retroactivamente en su pasado (el pasado del futuro) posibilidades contrafácticas («Si hubiéramos hecho eso y aquello, esta catástrofe no habría ocurrido»). A partir de ahí, podemos actuar hoy en función de esas posibilidades.[1]

¿No es esto lo que pretendían conseguir Adorno y Horkheimer con su «dialéctica de la Ilustración»? Mientras que el marxismo tradicional nos instaba a actuar para lograr un futuro comunista, Adorno y Horkheimer se proyectaron en un futuro catastrófico (el advenimiento de la «sociedad administrada», el *verwaltete Welt*, de la manipulación tecnológica total) con el fin de obligarnos a actuar para evitarlo. E, irónicamente, ¿no ocurre lo mismo con la derrota de la Unión Soviética? Es fácil, desde la perspectiva actual, burlarse de los «pesimistas», desde la derecha hasta la izquierda, desde Solzhenitsyn hasta Castoriadis, que deploraban la ceguera y las transigencias del Occidente demo-

1. Jean-Pierre Dupuy, *The War That Must Not Occur*, Redwood City, Stanford University Press, 2023 (citado del manuscrito).

crático, su falta de fuerza y coraje ético-políticos para hacer frente a la amenaza comunista, y que predijeron que Occidente ya había perdido la Guerra Fría, que el bloque comunista ya la había ganado, que el colapso de Occidente era inminente; pero de hecho fue precisamente su actitud la que más contribuyó al colapso del comunismo. En términos de Dupuy, fue su propia predicción «pesimista» del futuro, de cómo se desarrollaría inevitablemente la historia, lo que los movilizó para contrarrestarla.

Así pues, deberíamos invertir el lugar común según el cual percibimos el presente como lleno de posibilidades y a nosotros mismos como agentes libres para elegir entre ellas, mientras que, retrospectivamente, nuestras elecciones nos parecen totalmente determinadas y necesarias. Son, por el contrario, los agentes implicados en el presente los que se perciben a sí mismos como atrapados en el destino, mientras que, desde el punto de vista de la observación posterior, podemos discernir alternativas en el pasado, la posibilidad de que los acontecimientos tomen otra senda.

Dicho de otro modo, el pasado está abierto a la reinterpretación retroactiva, mientras que el futuro está cerrado. Esto no significa que no podamos cambiar el futuro; solo significa que, para hacerlo, primero deberíamos (no «comprender», sino) cambiar nuestro pasado, reinterpretándolo de manera que se abra hacia un futuro diferente. ¿Desencadenará el ataque ruso a Ucrania una nueva guerra mundial? La respuesta solo puede ser paradójica: si hay una nueva guerra, será una guerra necesaria. Dupuy afirma: «Si se produce un acontecimiento excepcional, una catástrofe, por ejemplo, no podría no haberse producido; sin embargo, en la medida en que no se ha producido, no es inevitable. Así pues, es la realidad del acontecimiento —el hecho de que tenga lugar— lo que crea retroactivamente su necesidad».[1] Una vez que haya estallado un conflicto militar en toda regla (entre Estados Unidos e Irán, entre China y Taiwán, entre Rusia y la OTAN...), a todos nos parecerá necesario, es decir, leeremos automáticamente el pasado que condujo a él como una secuencia de acontecimientos que provocaron necesariamente el estallido. Si no se produce, lo leeremos como leemos hoy la Guerra Fría: como una serie de momentos peligrosos en los que se evitó la catástrofe porque ambas partes eran conscientes de las consecuencias mortales de un conflicto mundial.

Se cuenta una historia (casi con toda seguridad apócrifa) sobre Zhou Enlai, el primer ministro chino. Dice así: cuando en 1953 se encontraba en Ginebra con motivo de las negociaciones de paz para poner fin a la guerra de Corea, un periodista francés le preguntó qué pensaba de la Revolución francesa. Zhou respondió: «Es demasiado pronto para comentarla». En cierto modo tenía razón. Con la desintegración de las «democracias populares» de Europa del Este a finales de la década de 1990, la lucha por el lugar histórico de la Revolución francesa volvió a recrudecerse. Los revisionistas liberales sostenían que la desaparición del comunismo en 1989 se produjo en el momento justo, marcando el final de una época que había comenzado en 1789. Era, sostenían, el fracaso final del modelo revolucionario que había entrado en escena por primera vez con los jacobinos. Sin embargo, la batalla por la Revolución francesa sigue librándose: si surge un nuevo espacio de política emancipadora radical, la revolución dejará de parecer un callejón sin salida histórico. Pero volvamos a Zhou Enlai: ahora parece que lo más probable es

1. Jean-Pierre Dupuy, *Petite métaphysique des tsunamis*, París, Editions du Seuil, 2005, p. 19.

que ocurriera realmente lo siguiente. En 1972, cuando Henry Kissinger visitó China, le preguntó a Zhou qué pensaba de la revuelta de 1968 en Francia, y fue a esta pregunta a la que Zhou respondió: «Es demasiado pronto para comentarla». Y volvió a tener razón: el 68 fue un año de revueltas izquierdistas contra el sistema, pero sus eslóganes (contra la educación universitaria «alienada», por la libertad sexual, etcétera) pronto se los apropió el propio sistema y permitieron el paso sin problemas al capitalismo permisivo neoliberal; la educación universitaria fue sustituida por cursos rápidos de gestión, la liberación sexual acabó en la mercantilización de la sexualidad. Es en este sentido que

en la medida en que el futuro no se hace presente, hay que pensarlo como simultáneamente inclusivo del acontecimiento catastrófico y de que este no tenga lugar: no como posibilidades disyuntivas, sino como una confluencia de estados uno u otro de los cuales se revelará a posteriori como necesario en el momento en que el presente lo decida.[1]

No es que tengamos dos posibilidades: o catástrofe militar, ecológica y social, o recuperación. Esta fórmula es demasiado fácil. Lo que tenemos son dos «necesidades superpuestas».[2] En nuestra situación, es necesario que se produzca una catástrofe global y que toda la historia contemporánea avance hacia ella, *y al mismo tiempo* es necesario que actuemos para evitarla. Cuando estas dos necesidades superpuestas se derrumben, solo se dará una de ellas, por

1. Dupuy, *Petite métaphysique des tsunamis*, cit., p. 19.
2. Dupuy, *The War That Must Not Occur*, cit.

lo que en cualquiera de los dos casos nuestra historia habrá sido necesaria.

De mi juventud en la Yugoslavia socialista, recuerdo un extraño incidente relacionado con el papel higiénico. De repente, comenzó a circular el rumor de que no había suficiente papel higiénico en las tiendas. Las autoridades no tardaron en asegurar que había suficiente papel higiénico para satisfacer la demanda normal, y, sorprendentemente, no solo era cierto, sino que la mayoría de la gente se lo creyó. Sin embargo, el consumidor medio razonaba de la siguiente manera: sé que hay suficiente papel higiénico y que el rumor es falso, pero ¿y si la gente se lo toma en serio y, presa del pánico, empieza a comprar reservas excesivas de papel higiénico, provocando así una escasez real? Será mejor que yo mismo compre algunas reservas... Ni siquiera era necesario que este cliente creyera que otros compradores se tomaban en serio el rumor: le bastaba con presuponer que había otros que creían que había otros que lo creían. El efecto fue el mismo, es decir, una falta real de papel higiénico en las tiendas. Este comportamiento no debe confundirse con la postura que debemos adoptar hoy en día, con nuestra necesidad de aceptar la inevitabilidad de la catástrofe: a diferencia del rumor, que empezó como una mentira, pero luego dio lugar a la realidad a la que se refería, nuestro mundo se desliza efectivamente hacia la catástrofe, y nuestro problema no es el de la profecía autocumplida, sino más bien el del autosabotaje: seguimos hablando de la amenaza para no hacer nada.

No es de extrañar, pues, que algunos investigadores sugieran ahora una nueva respuesta a la gran pregunta: si algunos extraterrestres inteligentes ya han visitado la Tierra, ¿por qué no han intentado establecer contacto con nosotros los humanos?[1] La respuesta es: ¿y si nos observaron de cerca durante algún tiempo, pero no nos encontraron de especial interés? Somos la especie dominante en un planeta relativamente pequeño que impulsa a su civilización hacia múltiples tipos de autodestrucción (colapso climático y ecológico, autoaniquilación nuclear, malestar social global), sin hacer gran cosa al respecto.

Eso por no hablar de estupideces localizadas como la «izquierda» liberal políticamente correcta de hoy en día, que en lugar de trabajar por una amplia solidaridad social, somete incluso a sus aliados potenciales a criterios de admisión puristas y pseudomorales: ve sexismo y racismo por todas partes y crea así nuevos enemigos en todas partes.[2] Tomemos, por ejemplo, la respuesta a la advertencia de Bernie Sanders de que los demócratas no deberían centrarse únicamente en el derecho al aborto de cara a las elecciones de mitad de mandato de noviembre de 2022. Sostuvo que los demócratas debían adoptar un programa amplio que también abordara los problemas económicos a los que se enfrenta Estados Unidos, contrarrestando las opiniones «antiobreras» de los republicanos y las formas en que sus políticas podrían perjudicar a la clase trabajadora.[3] Aunque Sanders tiene un historial de voto cien por cien favorable al abor-

1. «Aliens haven't contacted Earth because there's no sign of intelligence here, new answer to the Fermi paradox suggests», *Live Science*, 15 de diciembre de 2022: <https://www.livescience.com/aliens-technological-signals>.
2. Véase Thomas Frank: <https://www.youtube.com/watch?v=VWKsTzHwIsM&t=2s>.
3. «Sanders warns Democrats not to focus solely on abortion ahead of midterms», en *The Guardian*, 10 de octubre de 2022: <https://www.theguardian.com/us-news/2022/oct/10/bernie-sanders-democrats-warning-abortion-economy-midtermsvictory-economy-bernie-sanders>.

to, las feministas liberales acérrimas contraatacaron de inmediato, acusándole de antifeminismo. Los mismos extraterrestres se darían cuenta de un hecho no menos extraño en el lado opuesto del espectro político: en su breve mandato como primera ministra británica, Liz Truss adoptó una política económica que seguía lo que ella percibía como las demandas del mercado, ignorando las peticiones de apoyo de la clase trabajadora. Y sin embargo lo que provocó su caída no fue el descontento popular, sino el hecho de que esas mismas fuerzas del mercado (la bolsa, las grandes empresas...) reaccionaran con pánico a su presupuesto. Una prueba más, por si hiciera falta, de que la política actual representa los intereses del capital, por muy progresista o populista que se seas.

Según algunos medios de comunicación (desmentidos por el Kremlin, como era de esperar), a principios de diciembre de 2022 Putin se cayó en las escaleras de su casa y se hizo caca encima,[1] lo mismo que le ocurrió a Biden cuando visitó al Papa en 2021.[2] Incluso si estas dos anécdotas son apócrifas, *se non è vero è ben trovato*, puesto que proporcionan una metáfora perfecta de dónde nos encontramos hoy en día: entre las dos mierdas de la nueva derecha fundamentalista y de la izquierda *woke* del establishment liberal. La mierda está realmente a la orden del día. Por cierto: el *kopi luwak* es el café más caro del mundo y se elabora literalmente con granos de café parcialmente dige-

---

1. «Vladimir Putin fell down stairs at his home and soiled himself...», *Mail Online*, 2 de diciembre de 2022: <https://www.dailymail.co.uk/news/article-11494595/Vladimir-Putin-fell-stairs-home-soiled-himself.html>.
2. «#PoopyPantsBiden: The REAL "accident" behind hashtag, and how trolls got it wrong», en *MEAWW.com*, 8 de noviembre de 2021: <https://meaww.com/biden-bathroom-accident-happened>.

ridos y luego defecados por la civeta, una criatura parecida a un gato que vive en el sudeste asiático y el África subsahariana. Las enzimas digestivas de la civeta modifican la estructura de las proteínas de los granos de café, lo que elimina parte de la acidez para obtener una taza de café más suave. Se produce sobre todo en Indonesia, y se vende a clientes de Estados Unidos, donde una taza de *kopi luwak* puede costar hasta ochenta dólares.[1] ¿No es precisamente la ideología imperante, sobre todo en la derecha populista, una especie de *kopi luwak* ideológico?

Algunas de las partes más nobles de nuestra tradición emancipadora (la lucha antifascista y antirracista, el rechazo de nuestro modo de vida mercantilizado y hedonista, la lucha contra las élites financieras que explotan a la gente corriente, los esfuerzos por abolir los restos de la colonización...) están siendo engullidas por líderes políticos de todo el mundo. Sus enzimas digestivas neofascistas o neoliberales están eliminando la acidez radical de las ideas que se han tragado para convertirlas en trozos de mierda que encajan sin problemas en el sistema capitalista global existente, aunque se presenten como su destrucción.

Aquí empezamos a tocar el delicado tema de la relación entre la verdad y la mentira. El siguiente chiste, que no tiene mucha gracia, concluye sin embargo con un interesante giro final que apunta hacia la encrucijada en la que nos encontramos. Una mujer le pide a su marido que vaya corriendo a un estanco cercano a comprarle un paquete de cigarrillos. Él va, pero, como ya es tarde, el estan-

---

1. «The disturbing secret behind the world's most expensive coffee», en *NationalGeographic.com*: <https://www.nationalgeographic.com/animals/article/160429-kopi-luwak-captive-civet-coffee-Indonesia>.

co está cerrado, así que entra en un bar. Entabla una coqueta conversación con la voluptuosa joven que está detrás de la barra y acaban acostándose en el apartamento de ella. Tras un par de horas de sexo apasionado, empieza a preocuparse por cómo explicará a su esposa su larga ausencia. Entonces tiene una idea: le pregunta a la mujer si tiene talco para bebés y se lo frota en las manos. Cuando llega a casa, su mujer le espera furiosa y le pregunta dónde ha estado. Él responde: «El estanco ya había cerrado, así que fui a un bar. Me puse a flirtear con una joven voluptuosa que servía en la barra y acabamos en la cama de su apartamento. Tras un par de horas de sexo apasionado, volví a casa...».

«¡Maldito mentiroso! –interrumpe su mujer–. ¿Crees que no me he dado cuenta de que tienes talco en las manos? ¡Has hecho lo que llevabas tiempo queriendo hacer, aunque yo te lo haya prohibido: te has ido a jugar a los bolos con tus amigos!»

Así es como funciona la ideología hoy en día: la ideología dice la verdad, pero crea condiciones que garantizan que la propia verdad se perciba como una mentira. Tomemos este ejemplo: en julio de 2022, el presidente bielorruso Alexandr Lukashenko instó a la «olvidadiza Europa» a someterse a una limpieza moral por los pecados (fascistas) de sus abuelos y padres;[1] sin embargo, la intención real de ese llamamiento era precisamente eliminar la tradición radical, emancipadora y antifascista que forma el núcleo de Europa. Este tipo de llamamientos a la limpieza moral tienden a producirse en los prolegómenos de estallidos

---

1. «"Forgetful Europe" urged to go through moral cleansing», *BelTA*, 2 de julio 2022: <https://eng.belta.by/president/view/forget ful-europe-urged-to-go-through-moral-cleansing-151504-2022/>.

que son expresión de pura rabia destructiva. Como señaló Peter Sloterdijk, al principio de la civilización europea estaba la *Ilíada* de Homero, que se abre con el verso sobre la ira de Aquiles. ¿Será, entonces, el primer verso de un poema sobre el fin de Europa: «Canta la cólera del presidente Putin, asesino, condenado al fracaso, que costó a los europeos incontables pérdidas»? Esta rabia se escenificó en un gran encuentro en la Plaza Roja en octubre de 2022, convocado para celebrar la anexión de partes de Ucrania. El actor y cantante Ivan Okhlobystin pronunció un incendiario discurso que terminó con la siguiente exhortación:

> ¡Deberíamos llamarlo Guerra Santa! ¡Guerra Santa! Existe una palabra antigua en ruso: «*Goida*». «*Goida*» es una llamada a la acción inmediata. ¡Hoy necesitamos un grito de guerra como este! ¡*Goida*, hermanos y hermanas! ¡*Goida*! ¡Temednos, gente del viejo mundo! ¡Desprovisto de belleza, desprovisto de fe, desprovisto de sabiduría! ¡Un mundo dirigido por locos, pervertidos y satánicos! Temednos. ¡¡¡NOS ACERCAMOS!!! ¡¡¡*GOIDA*!!![1]

«*Goida*» significa, especialmente hoy, «¡Vamos! No pienses, obedece y hazlo». No se trata solo de una palabra rusa antigua, sino de un grito de guerra de los *oprichniki*, el ejército privado de Iván el Terrible conocido por aterrorizar a sus enemigos (reales e imaginarios), por lo que implica claramente un terror despiadado, tortura y asesinato. Por cierto: el único discurso de la historia reciente similar en su tono al de Okhlobystin es el infame discurso de

---

1. Todo el mundo debería echar un vistazo a este horror: «GOIDA! Russians advocate for dialogue and reason! Ivan Okhlobystin»: <https://www.youtube.com/watch?v=FMECmLXXPrs>.

«guerra total» pronunciado por Goebbels en Berlín a principios de 1943, tras la derrota de Stalingrado. (De hecho, un mundo de locos, pervertidos y satánicos desprovisto de belleza, fe y sabiduría es una descripción bastante apropiada del mundo de Putin.) Deberíamos señalar, sin embargo, que la celebración de la Plaza Roja fue una farsa: la multitud estaba compuesta sobre todo de funcionarios del Estado trasladados en autocar para la ocasión, y la mayoría de ellos reaccionaron al discurso de Okhlobystin sin entusiasmo, solo con indiferencia y miedo (los aplausos y vítores fueron añadidos más tarde por el estudio de televisión).

Aunque la Rusia actual es posiblemente el caso más puro de *kopi luwak* ideológico, deberíamos evitar la fatídica trampa de limitarlo a Rusia y sus aliados. ¿No están los neoconservadores trumpianos ofreciendo una versión similar de *kopi luwak*? Y la más noble ideología demócrata liberal, ¿no ha sido también procesada por nuestras civetas para legitimar la explotación capitalista global y las intervenciones militares «humanitarias»? Estamos todos metidos en esta mierda, no solo hasta las rodillas, sino –si se me permite utilizar una metáfora de mal gusto– hasta el culo.

Así pues, los extraterrestres que hemos mencionado, con toda seguridad, llegarían a la conclusión de que es mucho más seguro ignorarnos para no contaminarse de nuestra enfermedad. Por otro lado, si eligiéramos *algo nuevo* como porvenir, entonces, tal vez, mereceríamos su atención. El presente libro busca pistas que muestren cómo podríamos hacerlo. Trata urgentemente de contribuir a un verdadero despertar, un despertar que sea algo más que un mero reconocimiento de cómo son realmente las cosas. Incluso más que eso, necesitamos un despertar a lo que todavía no somos, y a lo que aún podríamos llegar a ser.

ADIÓS A LENIN, DEMOS LA BIENVENIDA A LOS AGRESORES IMPOTENTES

Parafraseando el conocido título de uno de los ensayos de Freud, hoy podemos observar la tendencia universal a la degradación en la esfera de la vida pública. En una rueda de prensa celebrada quince días antes de la invasión rusa de Ucrania, Vladimir Putin señaló que al gobierno ucraniano no le gustaban los acuerdos de Minsk, que, al tratar de poner fin a la guerra del Dombás, concedían a la región un autogobierno temporal. Y añadió: «Te guste o no, es tu deber, bella». El dicho tiene conocidas connotaciones sexuales. Putin parecía estar citando «La bella durmiente en un ataúd», una canción del grupo de punk rock soviético Red Mold: «La bella durmiente en un ataúd. Me acerqué sigilosamente y me la follé. Te guste o no, duerme, bella».[1] Aunque el representante de prensa del Kremlin afirmó que Putin estaba utilizando una antiguo refrán,

1. «Putin quoted song lyrics about rape and necrophilia to explain Russia's demands from Ukraine», *BusinessInsider.com*, 8 de febrero de 2022: <https://www.businessinsider.in/politics/world/news/putin-quoted-song-lyrics-about-rape-and-necrophilia-to-explain-russias-demands-from-ukraine/articleshow/89430396.cms>.

su caracterización burda de Ucrania como objeto de necrofilia y violación era evidente. Putin tiene antecedentes; veinte años antes, respondió a una pregunta de un periodista occidental con una vulgar amenaza de castración: «Si quiere convertirse en un completo radical islámico y está dispuesto a someterse a la circuncisión, le invito a Moscú. Somos un país multiconfesional. Tenemos especialistas en esta cuestión [la circuncisión]. Les recomendaré que lleven a cabo la operación de tal manera que después no le crezca nada más».[1] No es de extrañar, pues, que Putin y Trump fueran compinches en la vulgaridad. El contraargumento que se oye a menudo es que al menos políticos como Putin y Trump dicen abiertamente lo que quieren decir y evitan la hipocresía. Aquí, sin embargo, estoy de todo corazón del lado de la hipocresía: la forma (de la hipocresía) nunca es solo una forma, nos obliga a hacer que el contenido sea menos brutal.

El obsceno comentario de Putin debe leerse en el trasfondo de la crisis ucraniana, que se presenta en nuestros medios de comunicación como la amenaza de la «violación de un país hermoso». Esta crisis no está exenta de aspectos cómicos, prueba, en el mundo al revés actual, de que la crisis es grave. Un analista político esloveno, Boris Čibej, señaló el carácter cómico de las tensiones en torno a Ucrania a principios de 2022: «Los que se espera que ataquen [es decir, Rusia] afirman que no tienen intención de hacerlo, y los que actúan como si quisieran calmar la situación insisten en que el conflicto es inevitable».[2] Podemos

1. «Russia: Putin's statements on Chechnya may reflect public opinion», RadioFreeEurope/RadioLiberty, 13 de noviembre de 2002: <https://www.rferl.org/a/1101362.html>.
2. Boris Čibej en *Delo* (Liubliana), 14 de febrero de 2022.

añadir: Estados Unidos, protector de Ucrania, advirtió de que la guerra podía estallar en cualquier momento, mientras que el presidente ucraniano advirtió contra la histeria bélica e hizo un llamamiento a la calma. Es fácil traducir esta situación en términos de violencia sexual: Rusia, que estaba dispuesta a violar a Ucrania, afirmaba que no quería hacerlo, pero entre líneas dejaba claro que, si no obtenía el consentimiento de Ucrania para mantener relaciones sexuales, estaba dispuesta a conseguir lo que quería por la fuerza (recuérdese la vulgar respuesta de Putin); además, acusaba a Ucrania de provocarla. Estados Unidos hizo sonar la alarma de la inminente amenaza de violación para poder reafirmarse como protector de los estados postsoviéticos, un proteccionismo que no puede sino recordarnos a un mafioso local que ofrece a las tiendas y restaurantes de su dominio protección contra los robos, con la velada amenaza de que, si la rechazan, puede ocurrirles algo... Ucrania, el blanco de la amenaza, trató de mantener la calma, desconcertada por las señales de alarma de Estados Unidos, consciente también de que hablar mucho de la violación podría empujar a Rusia a cometerla realmente.

Ahora, tras dieciocho meses de brutal conflicto, ¿cómo podemos encontrarle sentido, con todos sus peligros impredecibles? ¿Y si este conflicto es tan peligroso no porque refleje la creciente fuerza de las dos exsuperpotencias, sino, por el contrario, porque demuestra que no son capaces de aceptar que ya no son verdaderas potencias globales? Cuando en plena Guerra Fría Mao Zedong dijo que Estados Unidos era, a pesar de todas sus armas, un tigre de papel, olvidó añadir que los tigres de papel podían ser más peligrosos que los reales. El fiasco de su retirada de Afganistán fue solo el último de una serie de golpes a la supremacía geopolítica estadounidense, mientras que los esfuerzos de Rusia por reconstruir el imperio soviético no representan más que un intento desesperado de encubrir el hecho de que ahora es un Estado débil y en decadencia. Como ocurre también con los violadores reales, la violación señala en última instancia la impotencia del agresor.

Esta impotencia se hizo palpable con la primera penetración directa de los militares rusos en territorio extranjero, es decir, la primera si descontamos el obsceno papel del Grupo Wagner, una empresa militar privada cuyos mercenarios participaron en varios conflictos anteriores, incluidas las operaciones en Siria, Crimea, la República Centroafricana y la República Srpska, en Bosnia. Este grupo de mercenarios anónimos, una unidad remota del Ministerio de Defensa ruso utilizada por el gobierno ruso en conflictos cuya existencia hay que negar, ha operado durante años en el Dombás, organizando la resistencia «espontánea» al dominio ucraniano (como ya hicieron en Crimea). Cuando estas tensiones acabaron estallando en una guerra, la Duma rusa aprobó un llamamiento directo a Putin para que reconociera los Estados separatistas de Donetsk y Lugansk, controlados por Rusia. Al principio, Putin dijo que no reconocería las así llamadas repúblicas de inmediato, de modo que cuando lo hizo pareció que simplemente reaccionaba a la presión popular. Esta táctica seguía las reglas descritas y practicadas hace un siglo por Stalin. A mediados de la década de 1920, Stalin propuso proclamar sin más rodeos que el gobierno de la República Socialista Federativa Soviética de Rusia era también el gobierno de cinco repúblicas circundantes (Ucrania, Bielorrusia, Azerbaiyán, Armenia y Georgia). Según él, esta decisión ejecutiva debía presentarse como la voluntad del pueblo:

Si la presente decisión es confirmada por el Comité Central del Partido Comunista Ruso, no se hará pública, sino que se comunicará a los Comités Centrales de las Repúblicas para su difusión entre los órganos soviéticos, los Comités Ejecutivos Centrales o los Congresos de los Soviets de dichas Repúblicas antes de la convocatoria del Congreso Panruso de los Soviets, donde se declarará que es el deseo de estas Repúblicas.[1]

La interacción de la autoridad superior (el Comité Central) con sus bases no solo se suprime para que la autoridad superior pueda imponer su voluntad, sino que, por si fuera poco, se escenifica como su contrario. El Comité Central decide lo que las bases pedirán a la autoridad superior que promulgue, como si fuera su propio deseo. Recordemos el caso más conspicuo de tal escenificación, ocurrido en 1939, cuando, tras ocupar los tres Estados bálticos, la Unión Soviética organizó un «referéndum» en el que esos países pedían libremente unirse a la Unión Soviética, que naturalmente les concedió su deseo. Lo que Stalin hizo a principios de la década de 1930 fue simplemente retomar la política exterior y nacional zarista prerrevolucionaria (por ejemplo, la colonización rusa de Siberia y el Asia musulmana dejó de condenarse como una expansión imperialista y se celebró como la introducción de una modernización progresista). De forma similar, Putin reunió a su consejo de seguridad en febrero de 2022 y preguntó a cada uno de sus miembros si apoyaba la decisión de reconocer la independencia de las autoproclama-

---

1. Citado según Moshe Lewin, *Lenin's Last Struggle*, Ann Arbor, University of Michigan Press, 2005, p. 61. [Ed. esp.: *El último combate de Lenin*. Trad. de Esteban Busquets. Barcelona, Tusquets, 1970.]

das repúblicas de Donetsk y Lugansk. Según *El País*, cuando llega el turno a Serguéi Naryshkin, jefe de la inteligencia exterior,

sugiere, en primer lugar, que se dé a Occidente una última oportunidad para volver a los acuerdos de Minsk, lo que podría hacerse lanzando un ultimátum a corto plazo a Occidente. Putin le interrumpe secamente: «¿Qué significa eso? ¿Está sugiriendo que iniciemos negociaciones o que reconozcamos la soberanía?». Naryshkin empieza a tartamudear, no sabe qué decir, murmura: «Sí» y luego «No», y la cara se le queda blanca durante unos segundos que parecen durar una eternidad. «Hable claro», interrumpe Putin. Sintiéndose presionado, el jefe de los espías da un giro de ciento ochenta grados y va un paso más allá: dice que apoya la anexión de Donetsk y Lugansk a la Federación Rusa. Pero Putin le vuelve a llamar la atención: «No estamos hablando de eso. Estamos hablando de reconocer su independencia o no». Así que el nervioso Naryshkin se retracta una vez más: sí, sí, lo apoya. «Gracias, puede sentarse».[1]

Naryshkin confundió el guión: primero, propuso una versión demasiado suave (solo ofrecer otro ultimátum a Occidente), y luego, en un evidente ataque de pánico, fue demasiado lejos y dijo que apoyaba su integración en Rusia. Como dijo el comentarista de *El País*: «La escena destacaría por su intensidad dramática en cualquier película o serie de ficción, pero es real». Naryshkin, el jefe de la inteli-

1. «The Russian spy boss humiliated by Putin», *El País*, 23 de febrero de 2022: <https://english.elpais.com/opinion/2022-02-23/the-russian-spy-boss-humiliated-by-putin.html>.

gencia exterior, el tipo al que todo el mundo debería temer por los datos que obran en su poder, tartamudea con la cara desencajada y luego se le dice que tome asiento como un colegial caído en desgracia que por fin ha farfullado la respuesta correcta. Así es como se «escucha la voz del pueblo» en la Rusia actual.[1] Pocas veces, en la era actual de la manipulación perfeccionada, tenemos la oportunidad de ver tan abiertamente cómo funciona este mecanismo; en Occidente, aprendimos a utilizarlo con más sutileza.

Es crucial tener en cuenta que la invasión en curso de Ucrania es el acto final de una larga lucha por eliminar la tradición leninista en Rusia. La última vez que Lenin fue noticia en Occidente fue durante la revuelta ucraniana de 2014, que derrocó al presidente prorruso Yanukóvich: en los reportajes de televisión sobre las protestas masivas en Kiev, vimos una y otra vez escenas de manifestantes enfurecidos derribando estatuas de Lenin. Estos violentos ataques eran comprensibles en la medida en que las estatuas de Lenin funcionaban como símbolo de la opresión soviética, y la Rusia de Putin se percibía como una continuación de la política soviética de someter a las naciones no rusas. No obstante, había una profunda ironía en el hecho de que los ucranianos derribaran las estatuas de Lenin como signo de su deseo de afirmar la soberanía nacional: la época dorada de la identidad nacional ucraniana no fue la época preleninista de la Rusia zarista (cuando se frustró la autoafirmación nacional ucraniana), sino la primera década de la Unión Soviética, en que establecieron una identidad nacional de pleno derecho. A lo largo de la década de 1920, la política soviética de *korenización* (literalmente,

---

1. La escena se puede ver en <https://www.youtube.com/watch?v=o9A-u8EoWcI>.

27

«indigenización») fomentó el renacimiento de la cultura y la lengua ucranianas; todo ello, combinado con medidas progresistas –sanidad universal, mejora de los derechos laborales, de vivienda y de la mujer, etcétera–, contribuyó al florecimiento del estado ucraniano. Estos logros políticos se invirtieron una vez que Stalin se consolidó en el poder a principios de la década de 1930, castigando a Ucrania de una forma especialmente brutal: baste recordar el infame Holodomor, la hambruna y el terror de 1932 a 1933 que mató a millones de ucranianos, y también el hecho de que, en solo dos años de *Yezhovshchina* (el Gran Terror), de 1936 a 1937, solo tres de los doscientos miembros del Comité Central de la República de Ucrania sobrevivieron.[1] La «indigenización» de Ucrania, cruelmente desmantelada por Stalin, había seguido principios formulados por Lenin en términos bastante inequívocos:

> El proletariado no puede dejar de luchar contra el mantenimiento por la fuerza de las naciones oprimidas dentro de las fronteras de un Estado determinado, y eso equivale justamente a luchar por el derecho de autodeterminación. Debe exigir el derecho de secesión política para las colonias y para las naciones que «su propia» nación oprime. Si no lo hace, el internacionalismo proletario seguirá siendo una frase sin sentido; la confianza mutua y la solidaridad de clase entre los trabajadores de las naciones opresoras y oprimidas serán imposibles.[2]

1. Richard Overy, *The Dictators*, Londres, Penguin Books, 2004, pp. 100-101.
2. V. I. Lenin, «The socialist revolution and the right of nations to self-determination» (enero-febrero de 1916): <https://www.marxists.org/archive/lenin/works/1916/jan/x01.htm>. [En español: «La revolu-

Lenin se mantuvo fiel a esta posición hasta el final: en su última lucha contra el proyecto de Stalin de una Unión Soviética centralizada, volvió a defender el derecho incondicional de las pequeñas naciones a separarse (en este caso, estaba en juego Georgia), insistiendo en la plena soberanía de las entidades nacionales que componían el Estado soviético: no es de extrañar que, el 27 de septiembre de 1922, en una carta a los miembros del Politburó, Stalin acusara abiertamente a Lenin de «liberalismo nacional». Hoy, la política exterior de Putin es una clara continuación de esta línea zarista-estalinista: después de la Revolución de 1917, según Putin, era el momento de que los bolcheviques ultrajaran a Rusia:

> Gobernar con tus ideas como guía es correcto, pero solo en caso de que esa idea conduzca a los resultados correctos, no como ocurrió con Vladimir Ilich. Al final esa idea llevó a la ruina a la Unión Soviética. Muchas de esas ideas, como dotar a las regiones de autonomía, etcétera, colocaron una bomba atómica bajo el edificio que se llama Rusia, que luego explotaría.[1]

En resumen, Lenin es culpable de tomarse en serio la autonomía de las diferentes naciones que componían el imperio ruso, de cuestionar la hegemonía rusa. Trotski siguió fielmente el camino de Lenin; los dos subtítulos de

---

ción socialista y el derecho a la autodeterminación»: <https://www.fundacionfedericoengels.net/index.php/2-uncategorised/31-autodeterminacion-lenin>.]

1. «Russia's Putin accused Lenin of ruining the Soviet Union», *Newsweek*, 22 de enero de 2016: <https://www.newsweek.com/russias-putin-accused-lenin-ruining-soviet-union-418519>.

su artículo del abril de 1939 «El problema de Ucrania»[1] lo dicen todo: «¡Por una Ucrania soviética libre e independiente!», y «La Constitución soviética reconoce el derecho a la autodeterminación». Él lo lleva a su conclusión lógica: «Pero la independencia de una Ucrania unida significaría la separación de la Ucrania soviética de la URSS, exclamarán a coro los "amigos" del Kremlin. ¿Qué tiene eso de terrible? responderemos nosotros». ¡Esto es el verdadero internacionalismo proletario!

En su último discurso, en 1952, Stalin elogió a Palmiro Togliatti y Maurice Thorez –líderes de los partidos comunistas italiano y francés respectivamente– por su «internacionalismo», porque habían declarado que si el ejército soviético entraba en sus países no lucharían contra él. Este es el «internacionalismo» que la Rusia de hoy espera de Ucrania. No es de extrañar que volvamos a ver los retratos de Stalin en los desfiles militares rusos y en las celebraciones públicas, mientras que Lenin queda borrado: en una gran encuesta de opinión de hace un par de años, Stalin fue votado como el tercer ruso más grande de todos los tiempos, mientras que Lenin no aparecía por ninguna parte. A Stalin no se le celebra como comunista, sino como el restaurador de la grandeza de Rusia tras la «desviación» antipatriótica de Lenin. No es de extrañar que, el 21 de febrero de 2022, al anunciar su «intervención» militar en la región del Dombás, Putin repitiera su vieja afirmación de que Lenin, que subió al poder tras la caída de la familia real Románov, fue el «autor y creador» de Ucra-

---

1. Leon Trotsky, *Problem of the Ukraine* (abril de 1939): <https://www.marxists.org/archive/trotsky/1939/04/ukraine.html>. [En español, *La cuestión ucraniana*: <https://ceip.org.ar/La-cuestion-ucraniana>.]

nia.[1] ¿Se pueden decir las cosas más claras? Todos aquellos izquierdistas que todavía ven con buenos ojos a Rusia (después de todo, Rusia es la sucesora de la Unión Soviética, las democracias occidentales son una farsa y Putin se opone al imperialismo estadounidense...) deberían aceptar por completo el hecho brutal de que Putin es un nacionalista conservador. Estados Unidos y Rusia son superpotencias en declive, y su nacionalismo conservador es aún más peligroso por su fragilidad. Lo que necesitamos más que nunca es un verdadero internacionalismo proletario, y hemos visto rastros de él en Ucrania en los meses transcurridos desde la invasión rusa.

1. «Putin invokes Soviet heroes Lenin, Stalin, says Russia "created" Ukraine», *Newsweek*, 21 de febrero de 2022: <https://www.news week.com/putin-invokes-soviet-heroes-lenin-stalin-says-russiacreated-ukraine-1681185>.

LA PERVERTIDA NORMALIDAD DE LA GUERRA
(Y LA PAZ)

En ruso, cuando el oficial al mando da el ritmo a los soldados para que marchen, grita: «Raz, dvá, raz, dva...» («Un, dos, un, dos...», o «Izquierda, derecha, izquierda, derecha...»). Hace años me dijeron en Moscú que a menudo se refieren a Putin como «Dvaputin»: «Rasputín, Dvaputin». Y Dvaputin es, sin duda, peor que Rasputín, quien, al comienzo de la Primera Guerra Mundial, advirtió a la familia zarista de que, debido a la pobreza y el sufrimiento de la gran mayoría de su población, la plena participación de Rusia en la guerra podría provocar la caída de todo el sistema político. Hoy, Rusia se enfrenta a la misma situación, y Dvaputin haría bien en escuchar los consejos de quienquiera que sea el Rasputín de hoy.

Con la invasión rusa de Ucrania, hemos entrado en una nueva fase de lo que significa la guerra. Lo nuevo no es solo que ambos bandos tengan armas nucleares y que esté surgiendo una nueva retórica (Putin ha dejado claro que Rusia está dispuesta a ser la primera en usar armas nucleares). Nos acercamos a una tormenta perfecta, en la que toda una serie de catástrofes (pandemias, calentamiento global, escasez de alimentos y agua, guerras...) se refuerzan mutuamente, lo que significa que la cuestión no es simplemente si hay guerra o paz, sino más bien si nos adaptaremos a un estado de emergencia global en el que nuestras prioridades deban cambiar todo el tiempo. Lo que necesita una explicación es la locura básica de la situación: en un momento en el que en general se acepta que nuestra propia supervivencia está amenazada por razones ecológicas, y cuando todo lo que estamos haciendo debe subordinarse a hacer frente a este peligro, de repente la principal preocupación se ha convertido en una nueva guerra que solo puede acelerar nuestro suicidio colectivo. En un momento en que la cooperación mundial es más necesaria que nunca, el «choque de civilizaciones» ha vuelto con fuerza. Explicarlo a través de los intereses del gran capital y el control estatal se queda corto. Como ocurre a menudo, tenemos que volver a la filosofía de Hegel.

¿Acaso uno de los pasajes más famosos de la *Fenomenología* de Hegel, la dialéctica del amo y el esclavo, no señala dónde nos encontramos hoy? Si, en la confrontación de dos conciencias enzarzadas en una lucha a vida o muerte, ambas partes están dispuestas a arriesgar sus vidas, si ambas persisten hasta el amargo final, no puede haber vencedor. Una morirá y la otra sobrevivirá, pero sin que la otra la reconozca. Toda la historia de la libertad, la lucha y el reconocimiento –en resumen, toda la historia, toda la cultura humana– solo puede darse con un compromiso primigenio: en el enfrentamiento final, una de las partes (el futuro esclavo) debe «apartar la mirada», no estar dispuesta a llegar hasta el final.

La amenaza de la violencia siempre se cierne sobre toda relación amo-esclavo, pero sigue siendo una excepción, una amenaza que de vez en cuando estalla en rebeliones, mientras que, como Hegel sabía muy bien, no existe tal compromiso-resolución en las relaciones entre Estados nación: la coexistencia de los Estados soberanos implica la necesidad de la guerra. Cada Estado disciplina a sus propios miembros y garantiza la paz cívica entre ellos, pero la relación entre los diferentes Estados está permanentemente bajo la sombra de la guerra potencial, y cada época de paz no es más que un armisticio temporal. Tal y como Hegel lo conceptualizó, toda la ética de un Estado culmina en el acto más elevado de heroísmo: estar dispuesto a sacrificar la propia vida por el propio Estado nación, lo que significa que las salvajes relaciones bárbaras entre Estados sirven como fundamento de la vida ética dentro de cada uno de ellos. ¿No es la actual Corea del Norte, con su obsesión por fabricar armas nucleares y cohetes, la máxima expresión de esta lógica de soberanía incondicional del Estado nación?

Hay indicios claros de que China también se mueve en esta dirección. Unos amigos chinos (que no citaré) me han informado de que, en las publicaciones militares populares chinas, muchos escritores se han quejado de que el ejército chino necesita una guerra de verdad para poner a prueba su capacidad de combate, mientras que el ejército estadounidense lo está haciendo de manera permanente en Irak, Somalia, el Magreb, etcétera. China no ha tenido la oportunidad de hacerlo desde hace décadas, desde su breve y fallida intervención en Vietnam. Últimamente, los principales medios de comunicación oficiales han afirmado abiertamente que, dado que las perspectivas de integración pacífica de Taiwán en China son cada vez menores, lo que se necesita es una liberación militar de la isla. Como forma de preparación ideológica para este momento, crecen el patriotismo y la desconfianza hacia todo lo extranjero, acompañados de acusaciones de que Estados

Unidos quiere una guerra en Taiwán. En otoño de 2021, las máximas autoridades aconsejaron a la población que abasteciera sus hogares de alimentos suficientes para sobrevivir durante dos meses en caso de que, debido a un problema no especificado, se interrumpiera la distribución de comestibles,[1] una extraña advertencia, que, en general, se percibió como el anuncio de una guerra inminente. También debo mencionar aquí una película china de gran éxito, *La batalla del lago Changjin*, que se estrenó en 2021 para conmemorar los cien años del Partido Comunista Chino. En ella se celebra la intervención de China en la guerra de Corea en 1950. En marzo siguiente, el ministro de Asuntos Exteriores, Wang Yi, afirmó que la postura de China (falsamente neutral, prorrusa *de facto*) respecto a Ucrania era «objetiva, justa y coherente con los deseos de la mayoría de los países», y que «el tiempo demostrará que la postura de China está en el lado correcto de la historia».[2] Mi reacción: es muy posible que «el tiempo» lo demuestre, en el sentido de que la interpretación antiucraniana prevalecerá en muchas partes del mundo. Pero no me gustaría vivir en un mundo en el que esa mentira prevaleciera sobre la verdad.

Esta tendencia a fundar la soberanía nacional a través de la violencia y la guerra va directamente en contra de la necesidad apremiante de establecer un nuevo modo de relacionarnos con nuestro entorno, un cambio político-

1. «China urges families to stock up on food for winter», *The New York Times*, 2 de noviembre de 2021: <https://www.nytimes.com/2021/11/02/world/asia/china-food-shortages-winter.html>.
2. «Time will prove China's stance on Ukraine is on the right side of history: Wang Yi», *Global Times*, 20 de marzo 2022: <https://www.globaltimes.cn/page/202203/1255298.shtml>.

económico radical que Peter Sloterdijk denomina «la domesticación de la cultura del animal salvaje». En el momento en que aceptamos plenamente el hecho de que vivimos en la nave espacial Tierra, la tarea que se nos impone con urgencia es la de civilizar las propias civilizaciones, de imponer la solidaridad y la cooperación universales entre todas las comunidades humanas, una tarea que se hace aún más difícil por el continuo aumento de la violencia «heroica» sectaria, religiosa y étnica, y por la disposición a sacrificarse (y a sacrificar el mundo) por la causa específica de cada uno. Hace más de un año, Alain Badiou escribió que los contornos de la guerra futura ya se han dibujado:

Estados Unidos y su grupo occidental-japonés por un lado, China y Rusia por otro, armas atómicas por todas partes. No podemos sino recordar la afirmación de Lenin: «O la revolución impedirá la guerra o la guerra desencadenará la revolución». Así es como podemos definir la máxima ambición del trabajo político por venir: por primera vez en la historia, la primera hipótesis —la revolución impedirá la guerra— es la que debe cumplirse, y no la segunda —una guerra desencadenará la revolución—. Es efectivamente la segunda hipótesis la que se materializó en Rusia en el contexto de la Primera Guerra Mundial, y en China en el contexto de la Segunda. Pero ¡a qué precio! ¡Y con qué consecuencias a largo plazo![1]

No se puede eludir la conclusión de que es necesario un cambio social radical —una revolución— para civilizar

---

1. Alain Badiou, *Je vous sais si nombreux...*, París, Fayard, 2017, pp. 56-57.

nuestras civilizaciones. No podemos permitirnos albergar la esperanza de que una nueva guerra conduzca a esta revolución: una nueva guerra significaría mucho más probablemente el fin de la civilización tal como la conocemos, con los supervivientes (si los hubiera) organizados en pequeños grupos autoritarios. Y no debemos hacernos ilusiones: en cierto sentido, la Tercera Guerra Mundial ya ha comenzado, aunque hasta ahora se haya librado principalmente por delegación. Cuanto antes lo admitamos, más posibilidades tendremos de evitar su pleno estallido. (También deberíamos tener en cuenta que China ya forma parte de la guerra en curso, ayudando a Rusia financiera y económicamente.)

Todos queremos la paz, pero los llamamientos abstractos a la paz no son suficientes: la «paz» por sí sola no es un término que nos permita trazar la distinción política clave. Los ocupantes siempre desean sinceramente la paz en el territorio que ocupan. Alemania definitivamente quería la paz en la Francia ocupada a principios de la década de 1940, Israel quiere la paz en la Cisjordania ocupada, y Rusia está en misión de paz en Ucrania. Por eso, como dijo Étienne Balibar de una manera honestamente brutal, hoy «el pacifismo no es una opción».[1] Debemos impedir una nueva gran guerra, pero la única manera de hacerlo es emprender una movilización total contra la visión actual de la «paz», que solo puede mantenerse mediante guerras locales. Recordemos que, tras la caída de la Unión Soviética, Cuba proclamó un *periodo especial en tiempos de paz*, es decir: unas condiciones de guerra en tiempos

1. «Étienne Balibar: "Le pacifisme n'est pas une option"», *Mediapart*, 7 de marzo de 2022: <https://www.mediapart.fr/journal/culture-idees/070322/etienne-balibar-le-pacifisme-n-est-pas-une-option>.

de paz. Tal vez este sea el término que deberíamos utilizar para referirnos a nuestra situación actual.

¿En quién o en qué podemos confiar para que nos guíe en estas condiciones? ¿En artistas y pensadores? ¿En la *Realpolitik* pragmática? Los artistas y pensadores también pueden sentar las bases de guerras y crímenes. En su versión más inocente, los artistas nos ofrecen clichés ambiguos. El 24 de febrero de 2022, la actriz AnnaLynne McCord publicó un vídeo en el que leía un poema slam dirigido a Putin, que empieza así: «Querido Presidente Vladimir Putin, lamento mucho no haber sido su madre», y continúa explicando cómo, de haber sido su madre, le habría colmado de amor para que no se sintiera inclinado a iniciar ninguna guerra.[1] Este poema es sencillamente un disparate: el problema de los grandes criminales es precisamente que se les colmó de un exceso de amor maternal, lo que les privó de un espacio libre para respirar.

Pero las cosas pueden ir mucho peor. Recordemos los conocidos versos de William Butler Yeats:

He extendido mis sueños a tus pies;
pisa con cuidado porque estás pisando mis sueños.

Deberíamos aplicar estos versos a los propios poetas: cuando extienden sus sueños a nuestros pies, deberían esparcirlos con cuidado porque la gente real los leerá y actuará en consecuencia (el mismo Yeats coqueteaba continuamente con el fascismo: en agosto de 1938 aprobó públicamente las antisemitas Leyes de Núremberg). No

1. El poema se puede escuchar en <https://knowyourmeme.com/memes/annalynne-mccord-dear-president-putin-im-so-sorry-i-was-not-your-mother>.

hay limpieza étnica sin poesía. ¿Por qué? Porque vivimos en una época que se percibe a sí misma como posideológica. Dado que las grandes causas ideológicas (libertad, justicia social, educación gratuita) ya no tienen fuerza para movilizar a la gente hacia la violencia de masas, se necesita una causa sagrada más amplia que consiga que la insignificante desazón individual que provoca el asesinato parezca baladí. La religión o la pertenencia étnica encajan perfectamente en este papel. Por supuesto, hay casos de ateos patológicos que son capaces de cometer asesinatos en masa solo por placer, pero son raras excepciones: la mayoría necesita que anestesien su sensibilidad elemental al sufrimiento ajeno, y para ello se necesita una Causa sagrada. Los ideólogos religiosos suelen afirmar que, sea cierto o no, la religión hace que personas que de otro modo serían malas hagan cosas buenas; a juzgar por la experiencia actual, deberíamos ceñirnos más bien a la afirmación de Steven Weinberg de que, mientras que, sin religión, la gente buena habría estado haciendo cosas buenas y la gente mala cosas malas, solo la religión puede conseguir que la gente buena haga cosas malas. La reputación de Platón se resiente por su afirmación de que hay que echar a los poetas de la ciudad, pero es un consejo bastante sensato, dado que, en las últimas décadas, tanta limpieza étnica ha sido propiciada por los peligrosos sueños de poetas y «pensadores» (en Rusia, por ejemplo, por los libros de Aleksandr Duguin y las películas de Nikita Mijalkov). De *Dichter und Denker* («poeta y pensador») a *Richter und Henker* («juez y verdugo») hay solo dos letras, por lo que quizá deberíamos complementar la conocida frase de Anna Kamieńska de que «la poesía es un presentimiento de la verdad» con «Sí, pero esta verdad también puede ser la verdad sobre las pulsiones más turbias que se ocultan en nuestra mente». Parafraseando a Thackeray, la poesía puede conseguir que nos encariñemos con nuestros pensamientos más repulsivos.

Con la *Realpolitik*, las cosas son casi peores. El pragmatismo político o «realismo» es impotente para responder a las mistificaciones de la ideología: precisamente cuando denuncia las simplificaciones o la ingenuidad de una ideología, ignora las mistificaciones que entraña su propia posición «realista». ¿Exactamente, cómo? La ideología suele evocar alguna dimensión oculta tras el velo de las apariencias para encubrir el crimen que se está cometiendo abiertamente (y es legitimado por la ideología). La expresión favorita que anuncia esa doble mistificación es «la situación es más compleja». Un hecho evidente –pongamos, una brutal agresión militar– se relativiza apelando a una «situación cuyo trasfondo es mucho más complejo», lo que, por lo general, convierte la agresión en un acto de defensa. ¿No es eso exactamente lo que está ocurriendo en Ucrania? Rusia ataca brutalmente a Ucrania, y aun así muchos comentaristas buscan la «complejidad» detrás del ataque. Sí, seguro que hay complejidad, pero eso no cambia lo fundamental: Rusia lo hizo. Nuestro error fue no tomarnos literalmente las amenazas de Putin: pensamos que no hablaba en serio y que solo estaba jugando a la manipulación estratégica. La ironía suprema es que uno no puede sino recordar aquí el famoso chiste judío, citado por Freud, en el que una mentira asume la forma de una verdad. «¿Por qué me dices que vas a Leópolis cuando vas realmente a Leópolis?», le pregunta un amigo a otro. La pareja ha establecido un código implícito según el cual, cuando uno va a Leópolis, dice que va a Cracovia, y viceversa; dentro de este marco, decir la verdad literal significa mentir. Cuando Putin anunció la intervención militar, no

41

nos tomamos lo bastante al pie de la letra la declaración de Putin de que quería «pacificar» y «desnazificar» toda Ucrania, así que el reproche de los estrategas decepcionados es ahora: «¿Por qué nos decías que ibas a ocupar Leópolis cuando querías ocupar realmente Leópolis?». En otras palabras, lo que esta doble mistificación implica es el fin de la *Realpolitik* tal y como la conocíamos: «Poner en práctica o impulsar políticas diplomáticas o políticas basadas principalmente en consideraciones de circunstancias y factores dados, en lugar de vincularse estrictamente a nociones ideológicas explícitas o premisas morales y éticas».[1] Tal *Realpolitik* se opone por regla general a la ingenuidad, es decir, a vincularnos ingenuamente a (nuestra versión de) principios morales o políticos. Sin embargo, en una situación como la actual, jugar a este tipo de *Realpolitik* es precisamente demasiado ingenuo: ya no se puede confiar en su presuposición básica (que la otra parte, el enemigo, también aspira a un acuerdo pragmático).

Durante la Guerra Fría, las reglas del comportamiento internacional estaban claras, garantizadas por la MAD (las siglas en inglés de Destrucción Mutua Asegurada, y que significa «loco») de las superpotencias: cada bando podía estar seguro de que, si decidía lanzar un ataque nuclear, el otro respondería con toda su fuerza destructiva, asegurándose así de que ninguno de los bandos iniciara una guerra. Sin embargo, desde que Kim Jong-un ha empezado a hablar de asestar un golpe devastador a Estados Unidos, es normal que nos preguntemos cómo ve él su propia posición. Habla como si no fuera consciente de que su país, incluido él mismo, sería destruido en ese escenario, es de-

1. Tal como la define la Wikipedia: <https://en.wikipedia.org/wiki/Realpolitik>.

cir, habla como si estuviera jugando a un juego de fantasía cuyo nombre es NUTS (las siglas en inglés de Selección de Objetivos de Utilización Nuclear, y que también significa «loco»), como si, mediante un ataque quirúrgico, se pudieran destruir las capacidades nucleares del enemigo mientras un escudo antimisiles te protege de un contraataque. En las últimas décadas, incluso Estados Unidos ha oscilado entre MAD y NUTS: actúa como si siguiera confiando en la lógica MAD en sus relaciones con Rusia y China, mientras que está tentado de considerar un enfoque NUTS con Irán y Corea del Norte. Con sus insinuaciones sobre el posible uso de armas nucleares, Putin sigue el mismo razonamiento. El mero hecho de que la misma superpotencia movilice a la vez dos estrategias directamente contradictorias pone de manifiesto el carácter fantasioso de todo este razonamiento.

Hoy, pues, estamos más allá de la «locura» de MAD: las superpotencias se ponen a prueba mutuamente, tratan de imponer su propia versión de las reglas globales, experimentando con ellas a través de terceros países, que, por supuesto, son otras naciones y Estados pequeños. En las semanas posteriores al inicio de la invasión, Putin dijo que las sanciones occidentales impuestas a su país eran «equivalentes a una declaración de guerra». Hay que leer esta declaración junto con lo que Putin dijo repetidamente durante los primeros meses de la guerra: el intercambio económico con Occidente debe continuar con normalidad, Rusia mantiene sus compromisos y continúa con sus entregas de gas a Europa Occidental. Ahora que Europa ha logrado reducir su dependencia del gas ruso, ha quedado claro que Rusia intentaba imponer un nuevo modelo de relaciones internacionales: no la guerra fría, sino la paz caliente, una paz que equivale a una guerra híbrida permanente, en la que las intervenciones militares se califican de misiones humanitarias de «mantenimiento de la paz» contra el genocidio. Cuando empezó la guerra, leímos: «La Duma estatal expresa su apoyo inequívoco y consolidado a las medidas adecuadas adoptadas con fines humanitarios». ¿Cuántas veces en el pasado hemos oído frases similares aplicadas a las intervenciones occidentales, desde América Latina hasta Irak? Ahora, Rusia se está apropiando de este lenguaje con cierto retraso. Mientras en Ucrania se producen bombardeos, asesinatos de civiles y una destrucción indiscriminada, desde las universidades hasta los pabellones de maternidad, el comercio internacional debe continuar; fuera de Ucrania, la vida normal debe continuar, y de hecho continúa. Así, tenemos una paz global permanente que se mantiene permanentemente mediante «intervenciones militares para el mantenimiento de la paz». No es de extrañar que, dado que los medios de comunicación rusos tienen prohibido utilizar el término «guerra» para describir lo que el ejército ruso está haciendo en Ucrania, y se les ha ordenado que se refieran a ello como una «operación militar especial», ya esté circulando la broma de que habrá una nueva edición de la novela clásica de Tolstói con el título *Operación militar especial y paz*.

¿Podemos ser libres en semejante situación? En inglés hay dos palabras, *freedom* y *liberty*, que se refieren a lo mismo. Permitidme arriesgarme y fijar esta oposición como la que existe entre lo que Hegel llamó «libertad abstracta» y «libertad concreta». La libertad abstracta es la capacidad de hacer lo que uno quiera independientemente de las normas y costumbres sociales, de violar estas normas y costumbres, por ejemplo, en una revuelta o situación revolucionaria. La libertad concreta es la que se sustenta en un conjunto de normas y costumbres. En nuestra vida cotidiana nos basamos sobre todo en esta última. Puedo caminar libremente por una calle concurrida porque estoy razonablemente seguro de que los demás que van por la calle se comportarán de forma civilizada conmigo, y serán castigados si me atacan o insultan. Solo puedo ejercer la libertad de hablar y comunicarme con los demás si obedezco las reglas comúnmente establecidas del lenguaje (con todas sus ambigüedades, incluidas las reglas no escritas de leer los mensajes «entre líneas»). El lenguaje que hablamos no es, por supuesto, ideológicamente neutro: encarna muchos prejuicios y nos imposibilita formular con claridad ciertos pensamientos poco comunes. El pensamiento se produce siempre en el lenguaje y va acompañado de una metafísica del sentido común (visión de la realidad). Para pensar de verdad, tenemos que pensar en un lenguaje contra este lenguaje, es decir, tenemos que movilizar nuestra libertad abstracta.

Hay momentos de crisis en los que la libertad abstracta tiene que intervenir de una manera mucho más brutal. En diciembre de 1944, Jean-Paul Sartre escribió:

> Nunca fuimos más libres que bajo la ocupación alemana. Habíamos perdido todos nuestros derechos; ante todo, el derecho a expresarnos. Nos insultaban a la cara [...] Y por eso la Resistencia fue una verdadera democracia; para el soldado, como para su superior, el mismo peligro, la misma soledad, la misma responsabilidad, la misma libertad absoluta dentro de la disciplina.[1]

1. Citado en «Paris alive: Jean-Paul Sartre on World War II», *The Atlantic*, 3 de septiembre de 2014: <https://www.theatlantic.com/international/archive/2014/09/paris-alive-jean-paul-sartre-on-world-war-ii/379555/>.

Esta situación, llena de ansiedad y peligro, era la libertad abstracta, no la libertad concreta; esta última llegó cuando volvió la normalidad de la posguerra. Así pues, hoy, en Ucrania, los que luchan contra la invasión rusa tienen libertad abstracta y luchan por la libertad concreta, pero ¿podemos seguir manteniendo claramente esta distinción? ¿No nos estamos acercando cada vez más a una situación en la que millones de personas piensan que tienen que actuar libremente (violar las normas) para proteger su libertad? ¿No es esta la razón por la que una turba trumpiana invadió el Capitolio el 6 de enero de 2021?

¿Cómo nos hemos metido en este lío? Vivimos en un mundo extraño para el que aún carecemos de una palabra adecuada. La filósofa Catherine Malabou[1] ve en las criptomonedas una señal de que el sistema capitalista mundial «está iniciando un giro anarquista. ¿Cómo describir si no fenómenos como la descentralización de las monedas, el fin del monopolio del Estado, la obsolescencia del papel mediador de los bancos y la descentralización de los intercambios y las transacciones?». Suena bien; pero, como señala inmediatamente Malabou, «la semántica del anarquismo que da al ultracapitalismo su nueva tonalidad no cambia nada en lo que respecta a la lógica del beneficio, que el ultracapitalismo solo expresa de otra forma». Con la desaparición gradual del monopolio del Estado, también desaparecen los límites que impone el Estado a la explotación y dominación despiadadas. La idea original de

1. «Cryptocurrencies: anarchist turn or strengthening of surveillance capitalism?», *Australian Humanities Review*, 66 (mayo de 2020): <https://australianhumanitiesreview.org/2020/05/31/cryptocurrencies-anarchist-turn-or-strengthening-of-surveillance-capitalism-from-bitcoin-to-libra/>.

las criptomonedas como nuevo espacio de libertad sin control externo de autoridad alguna acaba en lo que la propia Malabou denomina «la combinación –a la vez sin sentido, monstruosa y sin precedentes– de *verticalidad salvaje y horizontalidad incontrolable*». El anarcocapitalismo actual aspira a la transparencia, pero la paradoja de un discurso de transparencia es que «autoriza simultáneamente el uso, a gran escala pero opaco, de datos, la web oscura y la fabricación de información». Para evitar esta caída en el caos, la verticalidad salvaje también adopta la forma de la evolución fascista de muchas de las políticas de los gobiernos actuales, con su seguridad excesiva y la acumulación militar que la acompaña. Estos fenómenos no contradicen un impulso hacia el anarquismo. Al contrario, indican precisamente la desaparición del Estado, que, una vez eliminada su función social, expresa la obsolescencia de su fuerza mediante el uso de la violencia. El ultranacionalismo señala así la agonía de la autoridad nacional.

Con respecto a Ucrania, esto significa que no nos enfrentamos a un Estado nación que ataca a otro Estado nación: Ucrania es atacada como una entidad cuya existencia misma es negada por el agresor, y cuyo gobierno es descalificado como un grupo de neonazis drogadictos. Rusia justifica su ataque utilizando los términos de las «esferas de influencia» geopolíticas, que a menudo van mucho más allá de las fronteras nacionales (¿acaso China no está dando muestras de hacer lo mismo, anunciando una misión para mantener la paz en Taiwán y asegurándose su esfera de influencia en el Mar de la China Meridional?). Esta es la razón por la que Rusia no utiliza el término «guerra» en su intervención militar en Ucrania: no solo para restar importancia a la brutalidad de la intervención, sino sobre todo para dejar claro que la guerra en el viejo sentido de conflicto armado entre naciones Estado ya no es aplicable. Rusia solo está asegurando la «paz» en lo que considera su propia esfera geopolítica de influencia, y ese «mantenimiento de la paz» puede extenderse fácilmente mucho más allá de Ucrania.

En marzo de 2022, el embajador ruso en Bosnia, Igor Kalabujov, llevó ese «mantenimiento de la paz» un paso más allá: dijo que Bosnia tenía derecho a decidir si entraba o no en la OTAN, pero que Moscú también se reservaba el derecho a «responder a esa posibilidad de acuerdo con sus intereses». Continuó: «Si [Bosnia] decide ser miembro de cualquier alianza, es una cuestión interna. Nuestra respuesta es otra cosa. El ejemplo de Ucrania demuestra lo que esperamos. Si surge alguna amenaza, responderemos».[1] Su mención a Ucrania ofreció una clara pista de cuál sería esa «respuesta». El ministro de Asuntos Exteriores ruso, Serguéi Lavrov, exigió que la OTAN se retirara de todos los países que se adhirieron a ella en 1997 o después de esa fecha,[2] con nuevas insinuaciones de que la solución completa sería desmilitarizar toda Europa.[3] Así pues, Rusia, con su ejército, mantendrá la paz en Europa con intervenciones humanitarias ocasionales. Dmitri Medvédev pronunció la misma observación en marzo de 2023, al afir-

1. «Bosnian, US officials condemn Russian threat over Bosnia's Nato accession», *Intellinews*, 18 de marzo de 2022: <https://www.inte llinews.com/bosnian-us-officials-condemn-russian-threat-over-bosnia-s-nato-accession-238517/>.
2. Véase <https://www.luxtimes.lu/world/russia-wants-nato-forces-out-of-ex-soviet-states-lavrov-says/1335700.html>.
3. Véase Thomas Gomart y Nicholas Sowels, «NATO-Russia: Is the "Russian Question" European?», *Politique étrangère*, vol. 5, 2009: <https://www.cairn.info/revue-politique-etrangere-2009-5-page-123.htm>.

mar que «la única manera de asegurar una paz duradera con Ucrania es empujar la frontera de los países hostiles hasta Polonia, si es necesario».[1] Ideas similares abundan en la prensa rusa: Dmitri Evstafiev, comentarista político y creador de opinión, dijo en una entrevista con los medios de comunicación checos:

Ha nacido una nueva Rusia que te hace saber con toda claridad que no te percibe a ti, Europa, como socio. Rusia tiene tres socios: Estados Unidos, China e India. Ustedes son para nosotros un trofeo que será dividido entre nosotros y los americanos. Aún no lo han entendido, aunque nos estamos acercando a ello.[2]

Evstafiev excluye deliberadamente a Europa de la lista de los cuatro grandes actores, en perfecta consonancia con el viejo mantra de oponerse al «eurocentrismo», un hábito que molesta a muchos en todo el espectro político, desde la izquierda anticolonialista hasta la derecha populista.

1. Véase «Medvedev: Russia may have to push back Poland's border for "peace"», *Daily Digest*: <https://www.msn.com/en-gb/news/world/medvedev-russia-may-have-to-push-back-poland-s-border-for-peace/ss-AA184LyU?ocid=msedgntp&cvid=27d4ef23dc4f4631804eaaa74fe63db2&ei=11#image=2>.
2. Citado según <https://www.novilist.hr/novosti/zlokoban-in tervju-utjecajnog-ruskog-politologa-europa-je-za-nas-trofej-koji-ce mo-podijeliti-s-amerikancima/>. Por cierto, este mismo Evstafiev dijo en Russia-1, un canal de televisión de propiedad estatal, que apoya el ahorcamiento público de los ucranianos condenados por una corte marcial rusa por resistirse a la misión de paz rusa: véase «Russian pundits advocate for public hangings in Ukraine on state-controlled TV», *MirrorOnline*, 14 de marzo de 2022: <https://www.mirror.co.uk/news/world-news/russian-pundits-advocate-public-hangings-26463711>.

Esta objeción a la idea de una Europa *unida* es curiosa; a pesar de todas las críticas justificadas a partes clave del legado europeo, lo que parece convertir a Europa en objeto de odio y envidia es el hecho de que, a los ojos de muchos, sigue representando la cooperación verdaderamente pacífica de las naciones, la libertad personal y el estado del bienestar.

Por eso, cuando el gobierno ucraniano declara repetidamente que el país quiere formar parte de Europa, deberíamos preguntarnos qué ven ellos en «Europa», y si estamos preparados para estar a la altura de sus expectativas. Se mire por donde se mire, una Europa unida representa algún tipo de socialdemocracia, razón por la cual Viktor Orbán, en una entrevista reciente, llegó a proclamar que la hegemonía liberal occidental «se está convirtiendo gradualmente en marxista»:

> Tarde o temprano tendremos que enfrentarnos al hecho de que, en oposición al campo demócrata cristiano, ya no estamos tratando con un grupo que defiende una ideología liberal, sino con un grupo que es esencialmente marxista con restos liberales. Esto es lo que tenemos hoy en Estados Unidos. Por el momento, el bando conservador está en desventaja frente al bando marxista y liberal.[1]

Este es hoy en día el significado predominante del «antieurocentrismo». En la tarde del 1 de marzo de 2022,

1. «Interview with Prime Minister Viktor Orbán in the political weekly Mandiner», *About Hungary*, 3 de marzo de 2022: <https://abouthungary.hu/speeches-and-remarks/interview-with-prime-minister-viktor-orban-in-the-political-weekly-mandiner>.

en una videollamada al Parlamento Europeo, Zelenski dijo: «Ucrania está dispuesta a morir por Europa. Ahora veamos si Europa está dispuesta a morir por Ucrania». En el momento en que dijo esto, los corazones de casi toda la extrema derecha europea (que hasta ese momento había mostrado simpatía por la intervención de Rusia) comenzaron a latir por Ucrania: Salvini, Marine Le Pen y otros dieron un rápido giro de ciento ochenta grados y empezaron a abogar por apoyar plenamente la acogida de refugiados y el envío de armas a Ucrania. ¿Por qué? Como dijo un comentarista: «Morir por la patria siempre ha sido el sueño de los nacionalistas, aunque eso no significa que quieran morir personalmente. Quieren enviar a alguien a morir por su gloria: sí, ese es su sueño».[1] Si solo la amenaza de guerra puede movilizarnos, y no la amenaza a nuestro entorno, entonces la libertad que obtendremos si gana nuestro bando quizá no merezca la pena vivirla. Así que parece que nos enfrentamos a una elección imposible en la que ambas opciones son peores: si hacemos concesiones para mantener la paz estaremos alimentando el apetito expansionista ruso, que solo la «desmilitarización» de toda Europa podrá satisfacer; si apoyamos una confrontación militar total, corremos el alto riesgo de una nueva guerra mundial. La única solución real a este dilema que nos debilita es darle la vuelta a la situación, transformar nuestra manera de percibir la situación.

El problema es que, mientras que el orden global liberal-capitalista se acerca obviamente a una crisis en muchos aspectos, la guerra en Ucrania se simplifica ahora de nue-

---

1. Franco Berardi, «The Serpent's Egg: between depression and aggressiveness», *Medium.com*: <https://medium.com/neuro-magma/the-serpents-egg-2367f08fecd1>.

vo falsamente, y se presenta como un enfrentamiento entre países bárbaro-totalitarios y el libre Occidente civilizado, e ignora así el calentamiento y otros problemas globales. Podríamos incluso llegar a decir que las nuevas guerras no ignoran simplemente el cambio climático y otros problemas globales; son, más bien, una reacción a nuestros problemas globales, son un retorno a la «normalidad» pervertida de la guerra. La idea es: de acuerdo, se avecinan tiempos difíciles, así que afiancémonos en una posición fuerte para sobrevivir a los retos venideros mejor que los demás. El momento actual, por tanto, no es un momento de la verdad en el que las cosas se aclaran, en el que se ve claramente el antagonismo básico. Es un momento de la mentira más profunda. Así que, aunque debamos apoyar firmemente a Ucrania, debemos evitar sentirnos fascinados por la perspectiva de guerra, algo claramente presente entre quienes siguen presionando hacia una confrontación abierta con Rusia, cuyo argumento podría resumirse así: «Por fin hemos eliminado todas las pseudoluchas por los derechos de la mujer y contra el racismo que nos estaban desgarrando, y toda la palabrería sobre la crisis del capitalismo ha quedado merecidamente marginada, y a los hombres se les exige ahora de nuevo que actúen como hombres y luchen. Por eso las mujeres y los niños abandonan Ucrania, mientras los hombres regresan allí para hacer su trabajo». Y eso por no mencionar las expresiones espontáneas de racismo en toda la información europea y estadounidense sobre Ucrania, que han sido ampliamente señaladas. En la primera semana de la invasión, el corresponsal de CBS News, Charlie D'Agata, dijo que Ucrania «no es un lugar, con el debido respeto, como Irak o Afganistán, que han vivido en conflicto durante décadas. Estamos en una ciudad relativamente civilizada, relativamente europea –también tengo que elegir estas palabras con cuidado–, en la que uno no esperaría algo así, ni desearía que ocurriera». Un exfiscal general adjunto de Ucrania declaró a la BBC: «Es muy emotivo para mí, porque veo europeos de ojos azules y pelo rubio [...] que son asesinados todos los días». Un periodista francés, Phillipe Corbé, afirmó: «No estamos hablando de sirios que huyen de los bombardeos de su propio gobierno apoyado por Putin. Estamos hablando de europeos que se marchan en coches que se parecen a los nuestros para salvar sus vidas».[1] Más allá del racismo flagrante de estos comentarios, ¿no es curioso que olvidemos nuestra complicidad en estos conflictos? Hoy en día, cuando Afganistán es realmente un país fundamentalista islámico, pocos parecen recordar que, hace cuarenta años, era un país con unas fuertes tradiciones laicas... Pero entonces intervinieron primero la Unión Soviética y luego Estados Unidos, y ahora estamos donde estamos.

Este racismo coincide extrañamente con la postura del patriarca Kirill de Moscú, cabeza de la Iglesia ortodoxa rusa, que a menudo se dirige a los líderes militares, e incluso publicó una declaración en honor del Día del Defensor de la Patria. El clérigo felicitó a Putin por su «alto y responsable servicio al pueblo de Rusia», declarando que la Iglesia ortodoxa rusa «siempre se ha esforzado por hacer una contribución significativa a la educación patriótica de los compatriotas», y alabando el servicio militar como «una manifestación activa del amor evangélico al próji-

---

1. Moustafa Bayoumi, «They are "civilised" and "look like us": the racist coverage of Ukraine», *The Guardian*, 2 de marzo de 2022: <https://www.theguardian.com/commentisfree/2022/mar/02/civilised-european-look-like-us-racist-coverage-ukraine>.

mo».[1] Si solo pretendemos «defender Europa», ya estamos hablando el lenguaje de Putin. La línea que separa la civilización de la barbarie está en el interior de todas las civilizaciones, por eso nuestra lucha es universal. La única universalidad verdadera hoy en día es la universalidad de la lucha. Así que, aunque la lucha de Ucrania merece todo nuestro apoyo, es necesario algo así como un nuevo movimiento de no alineados, no en el sentido de que debamos ser neutrales en la guerra actual, sino en el sentido de que debemos cuestionar toda la idea de «choque de civilizaciones».

Según Samuel P. Huntington, tras el final de la Guerra Fría, el «telón de acero de la ideología» se ha sustituido por el «telón de terciopelo de la cultura» como la línea divisoria más significativa en Europa. La sombría visión de Huntington de un inminente choque de civilizaciones puede parecer justo lo contrario de la brillante perspectiva de Francis Fukuyama del fin de la historia bajo la apariencia de una democracia liberal mundial, pues ¿no es una lucha política entre naciones rivales lo más diferente que quepa imaginar de la idea pseudohegeliana de Fukuyama de que la fórmula final del mejor orden social posible se encontraba en la democracia liberal capitalista? ¿Cómo encajan estas dos ideas? A tenor de la experiencia actual, la respuesta es clara: *el choque de civilizaciones ES la política en el fin de la historia.* Los actuales conflictos étnico-religiosos de carácter identitario son la forma de lucha que mejor encaja con el capitalismo global actual: en nuestra era de

1. «How One priest turned Putin's invasion into a Holy War», *Rolling Stone*, 19 de marzo de 2022: <https://www.rollingstone.com/politics/politics-features/holy-war-priest-putin-war-ukraine-1323914/>.

la «pospolítica», en la que la política propiamente dicha es sustituida progresivamente por una administración social experta, las únicas fuentes legítimas de conflicto que quedan son las tensiones culturales (étnicas, religiosas). El aumento de la violencia «irracional» está estrechamente relacionado con la despolitización de nuestras sociedades. En este horizonte, la única alternativa a la guerra sigue siendo la coexistencia pacífica de civilizaciones (de diferentes «verdades», como decía Duguin, o de «formas de vida», un término más popular hoy en día), en la que los matrimonios forzados y la homofobia (o la idea de que una mujer sola en público está pidiendo ser violada) son aceptables, siempre que ocurran dentro de las fronteras de otro país que, por lo demás, esté plenamente integrado en el mercado mundial.

Esto no es lo que significa hoy el no-alineamiento. El no-alineamiento significa que nuestra lucha debe ser universal. Por eso debemos evitar a toda costa la rusofobia y dar todo nuestro apoyo a quienes protestan en Rusia contra la invasión de Ucrania: al hacer gala de su internacionalismo son los verdaderos patriotas rusos. Un patriota, una persona que realmente ama a su país, es alguien que se avergüenza profundamente de él cuando hace algo malo. No hay dicho más repugnante que: «Mi país, acierte o se equivoque».

EL QUINTO JINETE DEL APOCALIPSIS

Una de las implicaciones de la verdadera solidaridad mundial es que no debe limitarse a su forma secular-liberal occidental. ¿Qué significa esto en la práctica? A finales de marzo de 2022, Aleksandr Duguin concedió una larga entrevista al tabloide *Moskovski Komsomolets*, el diario de mayor tirada de Rusia; cuando le preguntaron si Putin leía su obra, dijo: «Creo que leemos las mismas letras escritas en oro en el cielo de la historia rusa», y luego pasó a citar algunas de esas letras doradas:

> Estamos librando una operación militar escatológica, una operación especial entre la Luz y las Tinieblas en el fin de los tiempos. La Verdad y Dios están de nuestro lado. Combatimos el mal absoluto encarnado en la civilización occidental, su hegemonía liberal-totalitaria, en el nazismo uncraniano.[1]

Mi contrapunto no es solo que, por razones obvias, no me fío de la gente que lee «letras escritas en oro en el

1. Citado según Joanna Szostek en Twitter: <https://twitter.com/Joanna_Szostek/status/1509258432863514634>.

cielo». Hay otros detalles que merecen nuestra atención en las líneas citadas, especialmente el salto del liberalismo occidental al nazismo: la expresión «hegemonía liberal-totalitaria» está al mismo nivel que la expresión nazi «conspiración judeo-bolchevique».

¿Y por qué el enemigo es el «nazismo ucraniano»? Pues porque Putin sustituyó la Revolución de Octubre por la victoria de la Unión Soviética en la Segunda Guerra Mundial (y el enorme coste de ganar la guerra: veinticinco millones de muertos) como el nuevo mito fundacional de la grandeza de Rusia. Esa es otra razón por la que la imagen de Stalin puede verse en los desfiles militares: se le celebra como comandante supremo, no como comunista. Pero como el enemigo de hoy es el liberalismo occidental, el nazismo tiene que aparecer como el peor vástago del liberalismo.

Más allá de esto, hay otras dos características importantes claramente discernibles en el pasaje citado. En primer lugar, el vínculo militar-religioso: La «operación militar» de Rusia se caracteriza explícitamente en términos propios de la teología, como una lucha entre la Verdad/Dios y el Mal absoluto, que no es un simple acontecimiento histórico, sino que tiene lugar en el fin de los tiempos. Ni siquiera los fundamentalistas musulmanes más radicales hablan así. En segundo lugar, Duguin transgrede aquí su propio relativismo posmoderno, según el cual «toda supuesta verdad es una cuestión de creencia. Creemos en lo que hacemos, creemos en lo que decimos. Y esa es la única manera de definir la verdad. Por eso tenemos nuestra verdad especial rusa que tenéis que aceptar».[1] En la entrevista citada no habla de la «verdad rusa» frente a la «verdad europea», como ha hecho

---

1. Las declaraciones de Duguin se recogen en el hilo de Twitter indicado anteriormente.

en otras ocasiones, sino de la luz y la oscuridad, de Dios frente al Mal absoluto.

Sin embargo, para oponerse a esa religión militarizada, ¿basta con seguir aferrándose al liberalismo laico, pacífico y cotidiano, que se propone tolerar formas de vida diferentes? Hoy, cuando ya vivimos de facto en un estado de emergencia, *es necesaria* la movilización; ¿y por qué deberíamos pasar por alto las referencias religiosas de los neofascistas? En algún momento, hacia finales de abril de 2022, la opinión pública mundial fue consciente de un profundo cambio en la forma en que se estaba desarrollando la guerra de Ucrania. Se acabó el sueño de una resolución rápida: la guerra se «normalizó» extrañamente, se aceptó como un proceso que continuaría y formaría parte de nuestras vidas durante algún tiempo. El miedo a un conflicto mucho más intenso empezó a penetrar en nuestra vida cotidiana: un amigo de Suecia me contó que las autoridades estaban dando instrucciones a todos los hogares para que almacenaran provisiones (alimentos, medicinas, etcétera) que les permitieran sobrevivir en condiciones de guerra.

El punto de vista ruso –esto es, que se trata de un conflicto global– se ha articulado de forma cada vez más explícita: Europa se está volviendo nazi y, como tal, la guerra en Ucrania es *de facto* el comienzo de una tercera guerra mundial. En palabras de Margarita Simonián, directora de *Russia Today*: «O perdemos en Ucrania, o comienza una tercera guerra mundial. Personalmente, creo que el escenario de una tercera guerra mundial es más realista».[1] No es de ex-

---

1. «State channels prepare population for nuclear war – The Moscow Times», *Hindustan News Hub*: <https://hindustannewshub. com/russia-ukraine-news/state-channels-prepare-population-for-nu clear-war-the-moscow-times/>.

trañar que los canales de televisión rusos estén ahora inundados de llamamientos a destinar más recursos a Ucrania y «luchar contra la OTAN». El veterano de las Fuerzas Especiales Aleksandr Arutyunov preguntó directamente a Putin: «Querido Vladimir Vladimirovich, por favor decídete, ¿estamos luchando en una guerra o nos estamos masturbando? Tenemos que poner fin a esta paja seca».[1] (Nótese, de nuevo, la metáfora sexual, presente constantemente en la propaganda rusa: basta de pajas, violemos de verdad a Ucrania...) Y así nos precipitamos hacia una loca visión de un complot nazi-judío liberal-totalitario unido. A los pocos meses de la guerra, en una entrevista en el programa *Zona Bianca* de la televisión italiana, se le preguntó a Serguéi Lavrov cómo podía Rusia afirmar que estaba luchando para «desnazificar» Ucrania cuando el propio Zelenski es judío. Lavrov respondió: «Puedo estar equivocado, pero Hitler también tenía sangre judía. [Que Zelenski sea judío] no significa absolutamente nada. Los sabios judíos dicen que los antisemitas más ardientes suelen ser judíos».[2] (Por cierto, ¿quiénes son esos «sabios judíos»? Los únicos que conozco son sionistas acérrimos que acusan a los judíos críticos con la política israelí en Cisjordania de «odiarse a sí mismos»...)

1. «Russia's military "is furious that Putin has down-scaled Ukraine invasion to focus on Donbas and is calling for all-out WAR"», *MailOnline*, 27 de abril de 2022: <https://www.dailymail.co.uk/news/article-10759213/Are-fighting-war-masturbating-Russian-military-furious-Putin-scaled-invasion.html>.
2. «Israel outrage at Sergei Lavrov's claim that Hitler was part Jewish», BBC News, 2 de mayo de 2022: <https://www.bbc.co.uk/news/world-middle-east-61296682>.

Sin embargo, Rusia no solo está tratando de desmantelar una Europa unida, sino que ahora está comprometida en una estrategia para aparecer como un aliado del tercer mundo contra el neocolonialismo occidental, presentando el ataque a Ucrania como un acto de descolonización.[1] La propaganda rusa manipula con habilidad los amargos recuerdos de cómo las potencias occidentales actuaron en África, Asia y Oriente Medio: ¿fue el ataque a Ucrania un acto de descolonización? ¿No fue peor el bombardeo de Irak que el de Kiev? Rusia combina esta visión de sí misma como agente de la descolonización global con un discreto (o incluso no tan discreto) apoyo militar a dictadores locales en Siria, la República Centroafricana y otros lugares. Además, bajo la exigencia de Rusia de que su petróleo y su gas se paguen en rublos se esconde un gigantesco intento, coordinado con China, de desbancar al dólar estadounidense y al euro como monedas globales. No debemos subestimar la eficacia de estas estrategias: cuando Ucrania declara con orgullo que defiende Europa, la respuesta de Rusia es: sí, y nosotros defendemos a todas las víctimas pasadas y presentes de Europa. En Serbia hemos empezado a ver los resultados de esta campaña de propaganda: según las últimas encuestas de opinión, más del 60% de los votantes se oponen ahora a la entrada del país en la Unión Europea.

1. En la línea de lo que se plantea en la Teoría de los Tres Mundos de Mao, según la cual el Primer Mundo comprende Estados Unidos y la Unión Soviética; el Segundo Mundo comprende Japón, Canadá, Europa y los demás países del Norte global; y el Tercer Mundo comprende China, India, y los países de África, América Latina y el Asia continental.

Si Europa quiere tener alguna posibilidad de ganar esta guerra ideológica, no debe hacer otra cosa que transformar radicalmente su modelo de globalización liberal-capitalista. Si no lo hace, puede sobrevivir como una isla (en realidad, una «fortaleza») rodeada de enemigos que la penetrarán lentamente. En «El liberalismo necesita la nación»,[1] un artículo de opinión escrito a raíz de la invasión rusa de Ucrania, Francis Fukuyama señalaba que la defensa patriótica del propio país puede funcionar también como defensa de las nociones liberales: todo depende de qué valores represente la propia «nación». ¿No ofrece ya el siglo pasado numerosos ejemplos de lucha patriótica de la izquierda radical contra la dominación extranjera?

En el lado opuesto, en Europa Occidental, especialmente en Alemania, tenemos una nueva versión del pacifismo. Si nos dejamos de retórica noble, el mensaje de estos nuevos pacifistas es más o menos el siguiente: teniendo en cuenta nuestros intereses económicos y el peligro de mostrar demasiado apoyo a Ucrania, y vernos así envueltos en un conflicto militar, deberíamos permitir que Ucrania sea engullida por Rusia y limitarnos a protestas pacíficas y muestras de simpatía. ¿Qué es eso de «demasiado»? Es el miedo a cruzar el umbral más allá del cual Rusia se enfadará de verdad por nuestra simpatía hacia Ucrania, pero Putin lo define *y redefine* continuamente, y jugar con este miedo forma parte de su estrategia. Estoy de acuerdo en que debemos evitar el estallido total de una nueva guerra mundial, pero a veces ser demasiado cautelosos solo

1. Véase Francis Fukuyama, «A country of their own: liberalism needs the nation», *Foreign Affairs*, mayo/junio de 2022: <https://www.foreignaffairs.com/articles/ukraine/2022-04-01/francis-fukuyama-liberalism-country>.

sirve para provocar al agresor, que cuenta con nuestra reticencia a resistir. Así que también deberíamos estar dispuestos a trazar nosotros mismos una línea precisamente para evitar una guerra total. ¿Recordáis cómo, después de que Putin anunciara la intervención en Ucrania, la primera reacción de Biden fue decir que teníamos que ver si se trataba de una ocupación limitada de la región del Dombás o de una ocupación total de Ucrania? No fue muy acertado, porque con ello dio a entender que una intervención limitada sería tolerable.

Pero detrás de esta inversión encontramos una idea mucho más triste. Voces de la izquierda pacifista europea advierten contra el retorno del espíritu heroico-militar, y Jürgen Habermas ha llegado a hablar de que Ucrania chantajea moralmente a Europa.[1] Hay algo profundamente melancólico en la, por lo demás, meditada reacción de Habermas: es plenamente consciente de que, tras la Segunda Guerra Mundial, Europa solo pudo renunciar al militarismo porque se mantuvo a salvo bajo el paraguas nuclear de Estados Unidos, y sabe que, con el ataque ruso a Ucrania, esta época se ha acabado: que el pacifismo incondicional solo puede sostenerse ahora transigiendo cada vez más. Al antiguo pacifismo liberal de Europa, a su apatía, se le está acabando el tiempo, y por desgracia volverán a necesitarse actos «heroicos», no solo contra las amenazas militares, sino también para hacer frente a las catástrofes ecológicas, las enfermedades y el hambre que se avecinan. Y en este delicado punto, la ambigüedad de nuestra postura se hace palpable.

1. Véase «Jürgen Habermas zur Ukraine: Krieg und Empörung», *Süddeutsche Zeitung*, 28 de abril de 2022: <https://www.sueddeutsche.de/projekte/artikel/kultur/das-dilemma-des-westens-juergen-habermas-zum-krieg-in-der-ukraine-e068321/?reduced=true>.

En francés, la diferencia entre lo que decimos que tememos y lo que realmente tememos se traduce en el llamado *ne explétif*, un «no» que no tiene ningún significado en sí mismo, sino que se utiliza por razones sintácticas o de pronunciación. (Hay otras lenguas, como la mía, el esloveno, que también lo tienen.) Aparece sobre todo en oraciones subordinadas de subjuntivo que siguen a verbos con connotaciones negativas («temer», «evitar», «dudar»); su función es enfatizar el aspecto negativo de lo que antecede, como en: «*Elle doute qu'il ne vienne*» («Ella duda que *no* venga») o «*Je te fais confiance à moins que tu ne me mentes*» («Confío en ti a no ser que *no* me mientas»).[1] Jacques Lacan cita el *ne explétif* para explicar la diferencia entre «querer» y «desear»: cuando digo: «Tengo miedo de que *no* venga la tormenta», mi deseo consciente es que no venga; tengo miedo de la tormenta. Pero mi verdadero deseo está inscrito en el «no» añadido: tengo miedo de que *no venga* la tormenta. En lo más profundo de mí, me fascina la tormenta y deseo su violencia.

¿No ocurre exactamente lo mismo con la postura de Europa Occidental hacia Ucrania? Durante las primeras semanas de la guerra, temíamos que Ucrania fuera rápidamente aplastada, pero ahora tenemos que admitir que nuestro verdadero temor era exactamente el contrario: que Ucrania no fuera aplastada, que la guerra siguiera y siguiera. Nuestra esperanza secreta era que Ucrania cayera rápidamente, para que pudiéramos indignarnos como es debido, llorar su pérdida... y luego seguir como siempre. Lo que debería haber sido una buena noticia –una nación

---

1. Véase «What is the ne explétif and when to use it in French»: <https://french.kwiziq.com/revision/grammar/how-to-understand-the-ne-expletif>.

más pequeña que resiste inesperada y heroicamente una invasión brutal– es algo de lo que casi nos avergonzamos; no sabemos cómo reaccionar.

Del mismo modo, temíamos que el cese del flujo de gas ruso provocara una catástrofe económica. Pero ¿y si este temor era falso? ¿Y si realmente teníamos miedo de plantearnos la posibilidad de que la interrupción del suministro de gas *no* provocara una catástrofe (que al final no causó)?[1] ¿Y si lo que temíamos era poder adaptarnos rápidamente a esa situación? (Aunque el fin repentino de las importaciones de gas ruso no habría desencadenado el fin del capitalismo, sí habría forzado un cambio real en el modo de vida «europeo», un cambio que sería muy bienvenido, independientemente de cualquier objetivo de imponer restricciones a Rusia. Leer literalmente el *ne explétif*, actuar sobre este «no», es quizá el principal acto político actual de la libertad. Porque la alternativa es, como dijo Kurt Vonnegut, la perspectiva de que «pasaremos a la historia como la primera sociedad que no consiguió salvarse porque no era rentable hacerlo».

Nuestros medios de comunicación publican un artículo tras otro sobre los miles de millones que Ucrania recibe de nuestros gobiernos, pero (al menos en los primeros meses de la guerra) Rusia seguía recibiendo mucho más por el gas que suministra a Europa. No es de extrañar que, en Alemania, empresarios y sindicatos se hayan opuesto conjuntamente al boicot al gas ruso. Lo que Europa ha perdido es una oportunidad única de combinar la presión *no militar* sobre Rusia con una acción significativa en favor de nuestro *medioambiente*. Por no mencionar el hecho

1. Le debo esta idea a Eric Santner, Chicago (comunicación personal).

crucial de que renunciar al gas ruso abriría la perspectiva de una globalización diferente, más necesaria que nunca, un orden distinto tanto del capitalismo liberal occidental como del autoritarismo ruso-chino.

La principal limitación de la postura pacifista es que no tiene en cuenta el hecho de que el objetivo evidente de la agresión rusa no es, evidentemente, solo Ucrania, sino el orden liberal-democrático occidental en su conjunto, por lo que ya no nos enfrentamos exclusivamente al problema de cómo contener el ataque de Rusia a Ucrania, el problema en el que se ha centrado Habermas. Rusia pretende reconstruir el mundo a su imagen y semejanza. Yevgueni Prigozhin, antaño uno de los hombres fuertes de Putin y la mano que había detrás de Wagner, el grupo de mercenarios rusos, dijo a un periodista de *The Guardian*: «Sois una civilización occidental moribunda que considera a rusos, malienses, centroafricanos, cubanos, nicaragüenses y muchos otros pueblos y países la escoria del tercer mundo. Sois una patética panda de pervertidos en peligro de extinción, y nosotros somos muchos, miles de millones. ¡Y la victoria será nuestra!».[1] A tenor de las actividades del Grupo Wagner podemos hacernos una idea de cómo será la nueva globalización propugnada por Rusia: mercenarios rusos apoyando regímenes autoritarios locales.

1. Véase «Putin's "chef" who runs feared Wagner mercenaries calls the West "pathetic endangered perverts"...», *MailOnline*, 4 de mayo de 2022: <https://www.dailymail.co.uk/news/article-10782799/Putins-chef-runs-feared-Wagner-mercenaries-calls-West-pathetic-endangered-perverts.html>.

Soy perfectamente consciente de todas las implicaciones de rechazar la postura pacifista y optar por apoyar políticas radicales y arrolladoras como el boicot al gas ruso. Medidas como esta nos acercarán a la posibilidad de lo que he denominado «comunismo de guerra»: nuestras economías y procesos políticos tendrán que reorganizarse para hacer frente a las circunstancias de una guerra o un desastre a mayor escala. Ya hemos visto destellos de esto: en el Reino Unido, el aceite de cocina fue racionado por los supermercados en abril de 2022: se podían comprar dos botellas por persona como máximo. En febrero de 2023, los supermercados británicos empezaron de nuevo a racionar, aunque esta vez las frutas y verduras frescas: la escasez había sido causada por el mal tiempo, que arruinó las cosechas en el norte de África, y por la disminución de la producción de los agricultores europeos, afectados por el aumento de las facturas energéticas.[1] Mientras la guerra continúe, muchas más medidas de este tipo podrían convertirse en la única forma de sobrevivir. Pero Rusia cuenta precisamente con la inercia y la incapacidad de Europa para tomar medidas tan decisivas. Sí, aquí existe un gran peligro de corrupción, una oportunidad para que el complejo militar-industrial obtenga superbeneficios, pero esto no tiene que ver solo con la guerra. Estoy de acuerdo en que debemos resistir la tentación de glorificar la guerra como una experiencia auténtica que oponer a nuestro

1. Véase «Why are UK supermarkets facing fresh food shortages?», *The Guardian*, 22 de febrero 2023: <https://www.theguardian.com/business/2023/feb/22/problem-shortage-fresh-food-uk-supermarkets>.

complaciente hedonismo consumista. Pero nuestra respuesta a esta complacencia debería ser una movilización aún más fuerte por causas que van mucho más allá de los conflictos armados. Frente a los peligros a los que se enfrenta hoy la humanidad, la pasión militar es en sí misma una huida cobarde del abismo al que nos acercamos poco a poco.

Las múltiples crisis y perspectivas apocalípticas a las que nos enfrentamos hoy en día parecen evocar cada vez más a los cuatro jinetes del Libro del Apocalipsis: la peste, la guerra, el hambre y la muerte.[1] Los cuatro jinetes no pueden descartarse simplemente como figuras del mal: Trevor Hancock ha señalado que están «notablemente cerca de lo que podríamos llamar los cuatro jinetes de la ecología que regulan el tamaño de la población en la naturaleza». Refiriéndose a Charles Elton, sugiere que los «cuatro jinetes» desempeñan un papel positivo en la prevención de la superpoblación: «los depredadores, los patógenos, los parásitos y el suministro de alimentos frenan el aumento de la población». El problema es que, a largo plazo, esta función reguladora no parece cumplirse en los humanos:

> La población humana se ha más que triplicado en los últimos setenta años, pasando de 2.500 millones en 1950 a 7.800 millones en la actualidad. ¿Qué ha pasado con los cuatro jinetes ecológicos de Elton? ¿Por qué no nos controlan? ¿Hay un quinto jinete que hará que nuestras poblaciones se estrellen en algún momento, como los *lemmings*?

1. Le debo a Mladen Dolar esta aplicación de los «Cuatro Jinetes del Apocalipsis» a esta situación.

Hasta hace poco, la humanidad era capaz de mantener a raya a los cuatro jinetes gracias a la medicina, la ciencia y la tecnología; ahora, sin embargo, nos vemos amenazados por los «cambios ecológicos globales rápidos y masivos que hemos desencadenado. Así que, aunque por supuesto un asteroide o la erupción de un supervolcán podrían acabar con nosotros, la mayor amenaza para la población humana, el "quinto jinete" si se quiere, somos nosotros».[1] Lo que esto significa es que nosotros –la humanidad– nos enfrentamos ahora a una decisión clave: podemos causar nuestra propia destrucción o salvarnos de ella. Aunque la conciencia mundial de esta amenaza va en aumento, no va seguida de una actividad adecuada, mientras que los otros cuatro jinetes galopan cada vez más rápido:

LA PESTE ha vuelto a formar parte de nuestras vidas. A finales de 2019 apareció el Covid y cambió nuestras vidas para siempre. Sigue aquí, y podemos esperar nuevas oleadas, así como otras pandemias víricas.

LA GUERRA. Con el ataque ruso a Ucrania, hemos vivido una auténtica guerra caliente en Europa, un recordatorio aleccionador de que nadie puede permitirse observar la guerra desde una distancia segura. Incluso si se impone algún tipo de tregua, la guerra se ha reafirmado con fuerza como un estado general de nuestras vidas, mostrando que la paz es una excepción temporal. Se mire por donde se mire, la Tercera Guerra Mundial está a la vuelta de la es-

1. Véase Trevor Hancock, «There is a fifth horseman of the Apocalypse – and it is us», *Healthy Debate*, 5 de noviembre de 2020: <https://healthydebate.ca/2020/11/topic/there-is-a-fifth-horseman-humans/>.

quina, y lo que se necesita no es solo –ni siquiera principalmente– la fuerza para contrarrestar a los agresores, sino un cambio radical de todo el sistema global. Como hemos visto, la situación está abierta: si hay una nueva guerra mundial, retroactivamente parecerá que ha sido necesaria, por lo que debemos ser conscientes de que hay que actuar contra la tendencia de la historia (que tiende a nuestra autodestrucción). Una modesta proposición: cualquiera que declare públicamente que está dispuesto a utilizar armas nucleares debería ser tratado como un obsceno monstruo.

EL HAMBRE también está en el horizonte. La guerra de Ucrania ha creado la mayor crisis alimentaria mundial desde la Segunda Guerra Mundial, y los expertos advierten de que podría provocar revueltas alimentarias en los países pobres.[1] Debido al calentamiento global, las olas de calor en India y Pakistán están «poniendo a prueba los límites de la supervivencia humana», con pérdidas masivas de cosechas.[2] ¿Estamos preparados para las migraciones masivas y las revueltas que desencadenará el hambre en el mundo?

LA MUERTE es en sí misma siempre parte de la vida. Baste recordar un grafiti polaco profundamente cierto que define la vida como una enfermedad de transmisión sexual

1. Véase «War in Ukraine could lead to food riots in poor countries, warns WTO boss», *The Guardian*, 24 de marzo de 2022: <https://www.theguardian.com/world/2022/mar/24/war-ukraine-food-riots-poor-countries-wto-ngozi-okonjo-iweala-food-prices-hunger>.
2. «India and Pakistan heatwave is "testing the limits of human survivability," expert says», *CNN.com*, 2 de mayo de 2022: <https://edition.cnn.com/2022/05/02/asia/india-pakistan-heatwave-climate-intl-hnk>.

que siempre acaba en muerte. Pero lo que quiero decir cuando afirmo que la muerte es el cuarto jinete es algo más radical; no me refiero solo a las muertes excesivas causadas por los otros tres jinetes. Es nuestra «segunda muerte» a través de las formas más recientes de control digital de nuestra vida cotidiana, especialmente la perspectiva del «cerebro cableado» (el enlace directo de nuestras mentes con máquinas digitales): ¿seguiremos siendo humanos, y en qué sentido, si esto ocurre?

Entonces, ¿qué podemos hacer? El Caballo de Barro y Hierba, o Caonima, es un meme chino de internet basado en un juego de palabras: se trata de un juego con las palabras en mandarín *«cào nǐmā»*, literalmente, «que le den a tu madre». Caonima es un caso ejemplar del «discurso de resistencia» de los internautas chinos, una mascota empleada en la lucha por la libertad de expresión y que ha inspirado poesía, fotos y vídeos, obras de arte, líneas de ropa y mucho más. Como tal, forma parte de una cultura más amplia de burla, broma, juegos de palabras y parodias en internet, conocida como *«e'gao»*, que incluye montajes de vídeos y otros tipos de mezclas.[1] Podemos ver aquí como la libertad concreta, que consiste en seguir las reglas establecidas del lenguaje, también necesita momentos de libertad abstracta (jugar libremente con estas reglas) para estar realmente viva en un idioma. Lejos de ser un sueño purista de respeto a los demás, la solidaridad global real no puede sobrevivir sin la burla y el juego de palabras.

1. Véase <https://en.wikipedia.org/wiki/Grass_Mud_Horse>.

EL ESTADO SAFARI DE LA MENTE

No me gusta escribir sobre productos culturales de mi propio país, pero tengo que hacer una excepción con *Sarajevo Safari*, de Miran Zupanič (Eslovenia, 2022), un documental sobre el acontecimiento patológico más extraño que tuvo lugar durante el asedio de Sarajevo de 1992 a 1996. Es bien sabido que los francotiradores situados en las colinas que rodean Sarajevo, ocupadas por las fuerzas serbias, disparaban a residentes al azar en las calles situadas debajo de ellos. También era bien sabido que algunos aliados seleccionados de los serbios (en su mayoría rusos) fueron invitados a disparar un par de veces sobre Sarajevo, pero esto se consideraba un honor, una muestra de aprecio especial, nada que ver con la guerra propiamente dicha. En la película de Zupanič, sin embargo, descubrimos qué ocurría en realidad en aquellas colinas. Decenas de extranjeros ricos (en su mayoría de Estados Unidos, Reino Unido e Italia, aunque algunos también procedían de Rusia) pagaban elevados honorarios por la oportunidad de disparar a los residentes de la asediada Sarajevo. El viaje estaba organizado por el ejército serbobosnio: los clientes eran transportados de Belgrado a Pale (la capital de la

Bosnia serbia en las montañas cercanas a Sarajevo) y luego llevados a un lugar seguro con vistas al valle de Sarajevo.[1]

Gracias al documental también descubrimos que no solo el alto mando del ejército serbobosnio estaba al tanto de este safari, sino también las fuerzas de mantenimiento de la paz de la OTAN en Bosnia. Entonces, ¿por qué no lo hicieron público o simplemente bombardearon el puesto de francotiradores? Pero lo que aquí resulta de especial interés es la subjetividad del «cazador» de safaris. Sus víctimas no estaban personalizadas, permanecían en el anonimato; un muro simbólico separaba al cazador del objetivo. Sin embargo, no se trataba de un videojuego: estas víctimas eran seres humanos vivos, y la conciencia de este hecho por parte del cazador explica la perversa emoción de esta «caza». Para ser más precisos, no es la víctima la que pierde aquí la noción de la realidad, sino el propio cazador. Era el cazador, no la víctima, quien se excluía a sí mismo de la realidad ordinaria y se percibía como situado en algún lugar seguro por encima del mundo real. De este modo, la propia realidad se convertía en parte de un espectáculo en el que el cazador podía fingir que no estaba implicado personalmente.

Hay algo perversamente honesto en todo esto: ¿no están los altos directivos de las empresas de hoy en día embarcados en un safari similar? Sus decisiones pueden arruinar muchas vidas, y por su culpa miles de personas pueden perder su empleo, y podemos imaginarnos a algunos de

1. Véase <https://www.youtube.com/watch?v=QkTZYjL_8f8>.

ellos observando a las familias arruinadas de los empleados a los que han despedido o humillado de alguna otra forma. Y —nuestro último ejemplo de la misma locura— ¿no se basó Dmitri Medvédev, el expresidente ruso que ahora es vicepresidente del Consejo de Seguridad de Rusia, en una lógica similar cuando afirmó que «la alianza militar de la OTAN liderada por Estados Unidos estaría demasiado asustada ante un "apocalipsis nuclear"» como para entrar directamente en el conflicto en respuesta al despliegue de armas nucleares tácticas por parte de Rusia?:

> Creo que la OTAN no intervendrá directamente en el conflicto ni siquiera en esta situación. Al fin y al cabo, la seguridad de Washington, Londres y Bruselas es mucho más importante para la Alianza del Atlántico Norte que el destino de una Ucrania moribunda que nadie necesita [...] El suministro de armas modernas es solo un negocio para los países occidentales. Los demagogos de ultramar y europeos no van a perecer en un apocalipsis nuclear. Por lo tanto, se tragarán el uso de cualquier arma en el conflicto actual.[1]

¿Somos conscientes de lo que implican estas frases? Medvédev está dispuesto a arriesgar la vida de miles de millones de personas por un pequeño trozo de tierra, miles de millones en América Latina, África y Asia que no están implicados en el conflicto ucraniano. Ya en agosto de 2022, Medvédev dijo que una propuesta para castigar

---

1. «Medvedev raises spectre of Russian nuclear strike on Ukraine», *Reuters*, 27 de septiembre de 2022: <https://www.reuters.com/world/europe/russias-medvedev-warns-west-that-nuclear-threat-is-not-bluff-2022-09-27/>.

a Rusia por crímenes de guerra en Ucrania amenazaba la existencia de la humanidad, dado el arsenal nuclear de Moscú.[1] Una vez más, ¿desde qué perspectiva privilegiada habla Medvédev cuando dice algo así? ¿Cuál es su posición subjetiva? No se incluye entre los que perecerán; habla como si de algún modo fuera a sobrevivir a la catástrofe nuclear global, como si la humanidad estuviera, como Sarajevo, en un valle, y él a una distancia segura y elevada en una colina. Por supuesto, sabe que se verá afectado por el fin de la humanidad, pero habla como si no fuera así.

Todo el mundo tiene claro que las palabras de Medvédev deben leerse en el contexto de la anexión formal de partes de Ucrania por parte de Rusia: de este modo, cualquier intrusión ucraniana en las zonas anexionadas podría declararse una amenaza para la supervivencia de Rusia como Estado, y justificar así el uso de armas nucleares tácticas. Como no soy especialista, voy a dejar a un lado el contexto más amplio de este movimiento (los reveses militares rusos, etc.); solo quiero seguir la lógica de Medvédev hasta el final. También dijo que Rusia «hará todo lo posible» para evitar que aparezcan armas nucleares en «nuestros vecinos hostiles» como la «Ucrania nazi», pero dado que es Rusia la que está amenazando la propia existencia de otro Estado (Ucrania), ¿no tiene ese otro Estado también derecho a defender su existencia con armas nucleares tácticas? Así pues, deberíamos tomarnos en serio la idea de que Ucrania debería recibir armas nucleares para estable-

1. «NATO would be too scared to react if Russia drops nuke first – Putin ally», *Newsweek*, 27 de septiembre de 2022: <https://www.newsweek.com/dmitry-medvedev-russia-nuclear-weapons-nato-ukraine-1746638>.

cer una paridad básica con Rusia. Recordemos las palabras de Putin en junio de 2022:

> Para reclamar algún tipo de liderazgo –ni siquiera estoy hablando de liderazgo mundial, sino de liderazgo en cualquier ámbito–, cualquier país, cualquier pueblo, cualquier grupo étnico debe garantizar su soberanía. Porque no hay término medio, no hay estado intermedio: o un país es soberano, o es una colonia, no importa el nombre que le demos a estas colonias.[1]

De estas líneas se desprende claramente que, en opinión de Putin, Ucrania entra en la última categoría: es una colonia, se llame como se llame. Nuestra estrategia debe consistir en no tratar a Ucrania como una colonia de nadie, ni siquiera nuestra. Por eso también debemos rechazar categóricamente el argumento de Harlan Ullman de que, del mismo modo que la paz en Corea se consiguió mediante negociaciones directas entre Estados Unidos y el bando contrario, pasando por alto a Corea del Sur, los poderosos Estados occidentales también deberían intervenir directamente en las negociaciones con Rusia, sin la participación de Ucrania:

> ¿Cómo termina esta guerra si Putin está decidido a ganar? ¿No deberíamos al menos considerar unos términos aceptables para todas las partes para poner fin a la guerra? Clemenceau observó que «la guerra es demasia-

---

1. «Restoration of empire is the endgame for Russia's Vladimir Putin», *CNN.com*, 11 de junio de 2022: <https://edition.cnn.com/2022/06/10/europe/russia-putin-empire-restoration-endgame-intl-cmd/index.html>.

do importante para dejarla en manos de los generales».
En este caso, ¿es Ucrania demasiado importante para dejarla en manos de Zelenski? Estados Unidos necesita una estrategia y una salida para buscar el fin de la violencia y la guerra.[1]

Pero ¿no es esto precisamente lo que quiere Rusia? No me cabe duda de que algunos pacifistas de izquierdas reaccionarán a mi sugerencia con horror, interpretando declaraciones como las de Medvédev como una seria advertencia a Ucrania y a Occidente para que actúen con moderación. Sin embargo, esta es precisamente la postura que debemos evitar a cualquier precio. Los pacifistas que están en contra de la OTAN y del envío de armas a Ucrania ignoran el hecho clave de *que fue la ayuda occidental la que permitió a Ucrania resistir*; sin ella, toda Ucrania estaría ocupada desde hace mucho tiempo. Esta ayuda condujo al punto muerto en el que nos encontramos actualmente; creó las condiciones para posibles conversaciones de paz (aunque como sabemos, puede haber otra escalada de violencia en cualquier momento). Los pacifistas, desde Chomsky hasta Peterson pasando por Varoufakis, son las figuras más despreciables de nuestro espacio público actual: primero insistieron en que Ucrania sencillamente no podía ganar una guerra contra Rusia, pero cuando empezó a parecer que ganaba, empezaron a afirmar que no debería (o no se le debería permitir) ganar (o incluso ganar demasiado terreno), porque esto podría provocar la ira de Putin, incitándole a apretar el botón. En esta visión, Putin no es

1. «U.S. needs strategic off-ramp to end Russian war in Ukraine», *MSN.com*: <https://www.upi.com/Voices/2022/09/28/Harlan-Ullman-Rusia-Ukraine-Putin-Zelensky-warr/8431664286529/>.

un conquistador despiadado, sino un loco peligroso, por lo que la paz (la prevención de la guerra nuclear) debería tener prioridad sobre cualquier otra consideración.

Durante muchos meses, Occidente ha estado obsesionado por lo que pasa por la mente de Putin (aunque para mí sus objetivos están bastante claros). Creo que lo que es mucho más enigmático y ambiguo es lo que pasa por la mentalidad liberal occidental. Recordemos como, en los primeros días de la guerra, las potencias occidentales se ofrecieron a sacar a Zelenski de Kiev en un avión especial, dando a entender que la situación ya estaba perdida (así que salgamos de aquí rápido). Con esta oferta histérica y precipitada quedó palpable el verdadero deseo de Occidente, un deseo que se echó a perder por el inesperado éxito de la resistencia ucraniana. Oímos una y otra vez que hay que dejar que Rusia salve la cara, pero declaraciones como las de Medvédev hacen imposible que Ucrania y Occidente salven la *suya*, ¡pues afirma de antemano que cualquier concesión sería una prueba de la cobardía occidental! O sea que sí, probablemente será necesario algún tipo de compromiso negociado, pero este compromiso no debería procurar salvarle la cara a Rusia en el sentido de volver a reconocerla como un estado «normal» y retomar las relaciones económicas y culturales como si la guerra nunca hubiera ocurrido. Rusia debe ser tratada como lo que es, un Estado fallido muy peligroso. Pero entonces, ¿por qué Medvédev dice públicamente lo que dice? ¿Por qué empeora las cosas e interpreta por adelantado la negativa occidental a responder con un contraataque nuclear como signo de pusilanimidad? ¿Acaso la única interpretación no es esa: que Rusia está dificultando al máximo una resolución negociada del conflicto, y lo hace porque actúa con subjetividad de safari?

Sin embargo, la verdadera locura reside en el hecho de que estemos hablando de la amenaza de la aniquilación nuclear mientras todos estamos cometiendo un suicidio colectivo al ignorar los cambios medioambientales en curso, como si la autoaniquilación hacia la que nos dirigimos lentamente pudiera ser menos aterradora si nos centramos en el futuro potencial de la guerra nuclear. Esta amenaza de destrucción nuclear nos convierte (no a todos, sino a los que pueden apretar los botones) en una versión del *homo deus*, pero en sentido negativo: el único acto divino que ahora somos capaces de realizar es el de autodestruirnos, algo que, como hemos sabido recientemente, también es capaz de hacer un virus estúpido.

Esto nos devuelve a nuestro punto de partida: la situación descrita en *Sarajevo Safari* se está convirtiendo cada vez más en la situación básica de la élite privilegiada no solo de Occidente, sino de todas las partes del mundo. No vivimos *en* el mundo real: la realidad está en el valle que observamos desde una distancia segura, e intervenimos para vivir una experiencia emocionante que no nos ponga en peligro. Por desgracia, la realidad nos alcanza de vez en cuando, y por lo general reaccionamos ante ella como el Occidente amante de la paz, intentando no provocar demasiado a la bestia del valle, ajenos a su furia insaciable.

Me recuerda el gran éxito de John Lennon «Imagine», que para mí siempre fue una canción falsa, una canción que se hizo popular por las razones equivocadas. Imaginar que el mundo podría, con el tiempo, «vivir como uno solo» es la mejor manera de acabar en el infierno. Quienes se han aferrado al pacifismo ante el ataque ruso a Ucrania siguen atrapados en su propia versión de «Imagine»: imaginan un mundo postheroico en el que las tensiones ya no se resuelven mediante conflictos armados... Europa ha persistido en este mundo imaginario, ignorando la brutal realidad más allá de sus fronteras. Pero el sueño de una rápida victoria ucraniana, que en realidad no era más que una repetición del sueño inicial de una rápida victoria rusa, se acabó hace muchos meses. Con el paso del tiempo, la situación se ha ido aclarando y ya no es necesario leer entre líneas cuando Putin se compara con Pedro el Grande:

> En apariencia, estaba en guerra con Suecia, para quitarle algo [...] No le estaba quitando nada, estaba volviendo [...] Estaba regresando y reforzando, eso es lo que estaba haciendo [...] Está claro que a nosotros también nos ha tocado volver y reforzarnos.[1]

Recordemos la afirmación de Putin de que «hay dos categorías de Estado: el soberano y el conquistado». Desde su punto de vista imperial, Ucrania debería pertenecer a esta última categoría.[2] Y, como se desprende claramente de las declaraciones oficiales rusas de los últimos meses, también Bosnia y Herzegovina, Kosovo, Finlandia, los Estados bálticos... y, en última instancia, la propia Europa. Así que los pacifistas occidentales nos están pidiendo que aceptemos no unas concesiones territoriales menores en el Dombás, sino la ambición imperial de Putin en su conjunto. La razón por la que esta ambición debe ser rechazada incondicionalmente es que, en el mundo global

1. «Restoration of empire is the endgame for Russia's Vladimir Putin», *CNN.com*, 11 de junio de 2022: <https://edition.cnn.com/2022/06/10/europe/russia-putin-empire-restoration-endgame-intl-cmd/index.html>.
2. Ibíd.

de hoy, en el que todos estamos acosados por las mismas catástrofes, *todos* estamos en una zona gris, en un estado intermedio, no somos ni un país soberano ni uno conquistado. Insistir en la plena soberanía frente al calentamiento global es una auténtica locura, ya que nuestra propia supervivencia depende de una estrecha cooperación mundial.

Pero Rusia no se limita a ignorar el cambio climático. ¿Por qué se enfadó tanto con los países escandinavos cuando manifestaron su intención de entrar en la OTAN? Con el calentamiento global, lo que está en juego es el control del paso del Ártico (por eso Trump quería comprar Groenlandia a Dinamarca). Debido al vertiginoso desarrollo económico de China, Japón y Corea del Sur, las principales rutas de transporte del futuro discurrirán por el norte de Rusia y Escandinavia. El plan estratégico de Rusia es *beneficiarse* del calentamiento global: controlar la principal ruta de transporte del mundo, además de desarrollar Siberia y controlar Ucrania. De este modo, Rusia dominará hasta tal punto la producción mundial de alimentos y la cadena de suministro que podrá chantajear al mundo entero. Esta es la última realidad económica que se esconde tras el sueño imperial de Putin.

A quienes han abogado por presionar más a Ucrania para que negocie, incluso para que acepte dolorosas pérdidas territoriales, les gusta repetir que Ucrania sencillamente no puede ganar la guerra contra Rusia; pensar así es una locura. Es cierto, pero yo veo exactamente en esto la grandeza de la resistencia ucraniana: se arriesgaron a lo imposible, desafiando los cálculos pragmáticos, y lo menos que les debemos es un apoyo total, y para ello necesitamos una OTAN más fuerte, pero no como prolongación de la política estadounidense actual. La estrategia estadounidense para contrarrestar el poder geopolítico ruso mediante maquinaciones en Europa es evidente: no solo Ucrania, sino Europa en su conjunto se está convirtiendo en el escenario de una guerra por delegación entre Estados Unidos y Rusia, que bien podría concluir con un compromiso entre ambos a expensas de Europa. Europa solo tiene dos opciones: jugar a la neutralidad –un atajo hacia la catástrofe– o convertirse en un agente autónomo. (Basta pensar en cómo puede cambiar la situación si DeSantis o Trump ganan las elecciones estadounidenses de 2024.)

Aunque algunos izquierdistas afirman que la guerra actual redunda en interés del complejo industrial-militar de la OTAN, que utiliza la necesidad de nuevas armas como medio para evitar crisis internas y obtener beneficios, su verdadero mensaje a Ucrania es: Vale, sois víctimas de una brutal agresión, pero no confiéis en nuestras armas, porque de este modo le hacéis el juego a un complejo industrial-militar... La desorientación causada por la guerra ucraniana está produciendo extraños compañeros de cama como Henry Kissinger y Noam Chomsky, que sostienen que Ucrania debería considerar un pacto en el que podría ceder parte de su territorio para acelerar un acuerdo de paz.[1]

Esta versión del «pacifismo» solo funciona si descuidamos el hecho clave de que la guerra no es solo por Ucrania, sino un intento brutal de cambiar toda nuestra situación geopolítica. El verdadero objetivo de la guerra es el desmantelamiento de la unidad europea propugnado no solo

---

1. «Henry Kissinger, Noam Chomsky find rare common ground over Ukraine war», *Newsweek*, 24 de mayo de 2022: <https:// www.newsweek.com/henry-kissinger-noam-chomsky-find-rare-com mon-ground-over-ukraine-war-1709733>.

por los conservadores estadounidenses y Rusia, sino también por la extrema derecha y la extrema izquierda europeas: en este punto, en Francia, Mélenchon está en la misma posición que Le Pen.

Lo que hoy en día es absolutamente inaceptable para un verdadero izquierdista no es solo apoyar a Rusia, sino también realizar la afirmación neutral más «modesta» de que la izquierda está dividida entre pacifistas y partidarios de Ucrania, y que deberíamos tratar esta división como un hecho menor que no debe afectar a la lucha global de la izquierda contra el capitalismo global. ¿Por qué? Recordemos la distinción de Mao Zedong entre contradicciones «principales» y «secundarias» (la «lucha entre opuestos»), expuesta en su tratado de 1937 *Sobre la contradicción*; quizá merezca la pena resucitar esta distinción. Una contradicción, una lucha, nunca es única, depende de otra(s) contradicción(es). He aquí un ejemplo del propio Mao: en una sociedad capitalista, la contradicción «principal» entre el proletariado y la burguesía va acompañada de otras contradicciones «secundarias», como las que existen entre los imperialistas y sus colonias. Mientras que estas contradicciones secundarias dependen de la primera (ya que las colonias solo existen en el capitalismo), la contradicción principal no es siempre la dominante: las contradicciones pueden intercambiar su lugar de importancia. Por ejemplo, cuando se ocupa un país, es la clase dominante la que suele ser sobornada para que colabore con los ocupantes y mantener así su posición privilegiada, lo que hace que la lucha contra los ocupantes sea la prioridad. Lo mismo puede decirse de la lucha contra el racismo: en un estado de tensión racial y explotación, la única manera de luchar eficazmente por la clase obrera es centrarse en la lucha contra el racismo (por eso cualquier apelación a la clase obrera blanca, como en el mundo populista de la derecha alternativa actual, es una traición a la lucha de clases).

Hoy en día, la lucha por la libertad de Ucrania es la contradicción «dominante»: *no se puede* ser de izquierdas si no se apoya inequívocamente a Ucrania. Ser izquierdista y «mostrar comprensión» por Rusia es como ser uno de esos izquierdistas que, antes de que Alemania atacara a la URSS, se tomaron en serio la retórica «antiimperialista» alemana dirigida contra el Reino Unido y, por tanto, abogaron por la neutralidad en la guerra de Alemania contra Francia. Si la izquierda fracasa en esta etapa, se acabó el juego. Pero ¿significa esto que la izquierda debería simplemente ponerse del lado de Occidente, junto a esos fundamentalistas que también apoyan la lucha ucraniana?

En un discurso pronunciado en Dallas en mayo de 2022, al criticar el sistema político ruso, el expresidente Bush dijo: «El resultado es la ausencia de controles y equilibrios en Rusia, y la decisión de un hombre de lanzar una invasión totalmente injustificada y brutal contra Irak». Rápidamente se corrigió: «Quiero decir, contra Ucrania», luego dijo «Irak... bueno», entre las risas de la multitud, y añadió «ya son setenta y cinco», refiriéndose a su edad.[1] Como señalaron muchos comentaristas, hay dos cosas que no pueden dejar de llamar la atención en este lapsus freudiano bastante obvio: el hecho de que el público recibiera con risas la confesión implícita de Bush de que el ataque estadounidense a Irak (ordenado por él) fue «una invasión totalmente injustificada y brutal», en lugar de tratarla

---

1. Véase «"Freudian slip": Bush decries "invasion of Iraq" – not Ukraine», *AlJazeera.com*, 19 de mayo de 2022: <https://www.aljazeera.com/news/2022/5/19/freudian-slip-bush-decries-invasion-of-iraq-not-ukraine>.

como la admisión de un crimen comparable a la invasión rusa de Ucrania; además de la enigmática continuación de Bush de su autocorrección –«Irak... bueno»–: ¿qué quería decir con eso? ¿Que la diferencia entre Ucrania e Irak realmente no importa? La referencia final a su avanzada edad no contribuye en absoluto a resolver el enigma. Sin embargo, se disipa por completo en el momento en que tomamos en serio y literalmente la declaración de Bush. Sí, teniendo en cuenta todas las diferencias (Zelenski no es, por ejemplo, un dictador como Sadam), Bush hizo lo mismo que Putin está haciendo ahora con Ucrania, por lo que ambos deberían ser juzgados por el mismo rasero.

Pero no es así. El 17 de junio de 2022, nos enteramos por los medios de comunicación de que la extradición del fundador de WikiLeaks, Julian Assange, a Estados Unidos había sido aprobada por la ministra del Interior del Reino Unido, Priti Patel. ¿Su delito? Nada más que hacer públicos los crímenes confesados por el desliz de Bush: los documentos revelados por WikiLeaks desvelaban como, bajo la presidencia de Bush, «el ejército estadounidense había matado a cientos de civiles en incidentes no denunciados durante la guerra de Afganistán, mientras que archivos filtrados de la guerra de Irak mostraban que 66.000 civiles habían sido asesinados, y que se había torturado a prisioneros»,[1] crímenes totalmente comparables con lo que Putin está cometiendo en Ucrania. Volviendo la vista atrás, podemos decir que WikiLeaks reveló docenas de Buchas y Mariúpols estadounidenses. Así pues, aunque llevar a Bush a juicio no es menos ilusorio que llevar a Putin ante el tri-

---

1. «Julian Assange can be extradited, says UK home secretary», *BBC News*, 17 de junio de 2022: <https://www.bbc.co.uk/news/uk-61 839256>.

bunal de La Haya, lo mínimo que deberían hacer quienes se oponen a la invasión rusa de Ucrania es exigir la liberación inmediata de Assange.

Ucrania afirma que lucha por Europa, y Rusia afirma que lucha por el resto del mundo contra la hegemonía unipolar occidental. Ambas afirmaciones deben rechazarse, y aquí entra en escena la diferencia entre derecha e izquierda. Desde el punto de vista de la derecha, Ucrania lucha por los valores europeos contra los autoritarios no europeos; desde el punto de vista de la izquierda, Ucrania lucha por la libertad mundial, incluida la libertad de los propios rusos. Por eso, el corazón de todo verdadero patriota ruso late por Ucrania. Y, lo que es mucho más importante, por eso deberíamos dejar de obsesionarnos con la cuestión de qué le pasa por la cabeza a Putin. ¿Le dicen toda la verdad las personas que lo rodean? ¿Está enfermo o loco? ¿Lo estamos arrinconando y no ve otra salida para salvar la cara que acelerar el conflicto hasta convertirlo en una guerra total? Deberíamos poner fin a esta obsesión con encontrar una línea roja, a esta búsqueda interminable de la medida justa entre el apoyo a Ucrania y evitar la guerra total. La «línea roja» no es un hecho objetivo: el propio Putin la está modificanto constantemente, y nosotros contribuimos a que la modifique con nuestras reacciones. Una pregunta como «¿Ha traspasado algún límite el intercambio de inteligencia entre Estados Unidos y Ucrania?»[1] nos hace olvidar el hecho básico: fue la propia Rusia la que traspasó un límite con el ataque a Ucrania. Así que en lugar de percibirnos a nosotros mismos como un grupo que simplemente reacciona ante Putin como si fue-

1. Véase <https://www.dw.com/en/us-intel-russia-war/a-6179 4064>.

ra un impenetrable genio del mal, deberíamos volver la mirada hacia nosotros mismos: ¿qué queremos nosotros –el «mundo libre occidental»– en este asunto? Deberíamos analizar la ambigüedad de nuestro apoyo a Ucrania con el mismo detalle con el que analizamos la postura de Rusia. Deberíamos ir más allá del doble rasero que se aplica hoy a los fundamentos mismos del liberalismo europeo. Recordemos que, en la tradición liberal occidental, la colonización se justificaba a menudo en términos de los derechos de los trabajadores. John Locke, el gran filósofo de la Ilustración y defensor de los derechos humanos, justificó el hecho de que los colonos blancos estuvieran acaparando tierras de los nativos americanos con un extraño argumento contra el exceso de propiedad privada que sonaba a izquierdista. Su premisa era que a un individuo solo se le debería permitir poseer tanta tierra como fuera capaz de utilizar productivamente, no grandes extensiones que no fuera capaz de utilizar (y que luego acabara cediendo a otros para que las utilizaran y obtuvieran rentas de ellas). En Norteamérica, los nativos afirmaban que las grandes extensiones de tierra eran suyas, aunque no las utilizaran de forma productiva, en su mayoría solo para la caza de animales no domesticados, de ahí que los blancos arguyeran que sus tierras se desperdiciaban y que los colonos que querían utilizarlas para la agricultura tenían derecho a apoderarse de ellas en beneficio de la humanidad...

En la crisis actual, ambas partes se presentan continuamente como obligadas a actuar: Occidente tiene que ayudar a Ucrania a seguir siendo libre e independiente, Rusia está obligada a intervenir militarmente para proteger su seguridad. He aquí un ejemplo: el Kremlin se vería «obligado a tomar represalias» si el intento de Finlandia de entrar en la OTAN tuviera éxito, según afirmó el Ministerio de Asuntos Exteriores ruso en 2020.[1] Pero no, no se verá «obligado», del mismo modo que Rusia no se vio «obligada» a atacar Ucrania. Esta decisión solo parece «forzada» si se acepta todo el conjunto de supuestos ideológicos y geopolíticos que sustentan la política rusa. Estos supuestos deben analizarse atentamente, sin tabúes. A menudo se oye decir que deberíamos trazar una estricta línea de separación entre la política de Putin y la cultura rusa en su conjunto, pero esta línea es mucho más porosa de lo que parece. Deberíamos rechazar categóricamente la idea de que, tras años de intentar pacientemente resolver la crisis ucraniana mediante negociaciones, Rusia se viera finalmente obligada a atacar Ucrania; uno nunca se ve obligado a atacar y aniquilar a todo un país. Las raíces son mucho más profundas; estoy dispuesto a llamarlas propiamente metafísicas. Anatoli Chubáis, el padre espiritual de los oligarcas rusos (que orquestó la rápida privatización de las industrias estatales en 1992), dijo en 2004:

> He releído todo Dostoievski en los últimos tres meses. Y lo único que siento por él es un odio casi físico. Sin duda es un genio, pero su idea de los rusos como personas especiales y santas, su culto al sufrimiento y las falsas opciones que presenta me dan ganas de hacerlo pedazos.[2]

1. «Finland's leaders announce support for NATO membership, sparking retaliation threats from Russia», *CNN.com*, 13 de mayo de 2022: <https://edition.cnn.com/2022/05/12/europe/finland-leaders-join-nato-intl/index.html>.

2. «Dinner with the FT: Father to the oligarchs», *Financial Times*, 23 de noviembre de 2004: <https://www.ft.com/content/763b10fc-337e-11d9-b6c3-00000e2511c8>.

Por mucho que me disguste Chubáis por su política, creo que tenía razón sobre Dostoievski, que proporcionó la expresión «más profunda» de la oposición entre Europa y Rusia: individualismo frente a espíritu colectivo, hedonismo materialista frente a espíritu de sacrificio...

En sintonía con Dostoievski, Rusia ha presentado su invasión como una nueva etapa en la lucha por la descolonización, contra la globalización occidental. El mundo está, según Medvédev, «esperando el hundimiento de la idea de un mundo centrado en Estados Unidos y la aparición de nuevas alianzas internacionales basadas en criterios pragmáticos». («Criterios pragmáticos» significa desprecio por los derechos humanos universales, por supuesto.) Pero estoy de acuerdo con Medvédev cuando atribuye a Occidente «una total indiferencia por el derecho a la propiedad privada, que hasta los últimos acontecimientos era uno de los pilares de la democracia occidental»; ¡sí, tendremos que limitar el «derecho a la propiedad privada», no solo el de los oligarcas rusos, sino también el de los multimillonarios neofeudales de nuestro entorno!

Así que también deberíamos empezar a trazar líneas rojas, pero, sobre todo, debemos hacerlo de forma que quede clara nuestra solidaridad con el tercer mundo. Medvédev predijo que, por causa de la guerra en Ucrania, «en algunos Estados puede surgir el hambre debido a la crisis alimentaria»,[1] una declaración de un cinismo pasmoso, dado que, en mayo de 2022, cuando hizo la declaración, alrededor de veinticinco millones de toneladas de grano se

1. «"Insane" sanctions or food supplies: Russia tells West», *Hindustan Times*, 20 de mayo de 2022: <https://www.hindustantimes.com/world-news/insane-sanctions-or-food-supplies-russia-tells-west-101652998007637.html>.

estaban pudriendo lentamente en Odesa, en barcos o en silos, desde que el puerto fue bloqueado por la Armada rusa. La Iniciativa del Grano del Mar Negro, firmada en julio de 2022, permitió la reapertura de los puertos, pero, meses después, el ritmo de salida de los barcos «sigue siendo críticamente bajo», y en julio de 2023 el acuerdo se hundió.[1] Aparte de prometer que ayudaría a Ucrania a transportar el grano por ferrocarril y en camiones, Europa no ha hecho lo suficiente. Putin amenaza ahora con volver a cerrar el puerto, dejando a «cincuenta millones de personas a las puertas de la hambruna», según David Beasley, director del Programa Mundial de Alimentos. Es necesario dar un paso más: debemos exigir la apertura total de los puertos, incluido el envío de buques militares para protegerlos. No se trata solo del hambre de cientos de millones de personas en África y Asia. Aquí es donde debe trazarse la línea roja.

En los primeros meses del conflicto, Lavrov dijo: «Imaginen [que la guerra de Ucrania] está ocurriendo en África, o en Oriente Medio. Imaginen que Ucrania es Palestina. Imaginen que Rusia es Estados Unidos».[2] Como era de esperar, comparar el conflicto de Ucrania con la difícil situación de los palestinos «ofendió a muchos israelíes, que creen que no hay similitudes. Por ejemplo, muchos señalan que Ucrania es un país soberano y democrático, pero no consideran que Palestina sea un Estado», informó

1. «Grain initiative: rate of ship exits from ports remains critically low», *Hellenic Shipping News*, 1 de febrero de 2023: <https://www.hellenicshippingnews.com/grain-initiative-rate-of-ship-exits-from-ports-remains-critically-low/>.
2. «Russia's Sergei Lavrov compares Ukraine to Palestine», *Newsweek*, 16 de mayo de 2022: <https://www.newsweek.com/russia-sergei-lavrov-compares-ukraine-palestine-putin-israel-1706810>.

Newsweek.[1] Por supuesto que Palestina no es un Estado, *porque Israel niega su derecho a ser un Estado*, del mismo modo que Rusia niega el derecho de Ucrania a ser un Estado soberano. Por mucho que me parezcan repulsivas las declaraciones de Lavrov, a veces manipula hábilmente la verdad: lo menos que se puede decir es que su «*imagine*» es mucho más sugerente que el de Lennon.

Sí, el Occidente liberal es hipócrita y aplica sus exigentes criterios de forma muy selectiva. Pero la hipocresía significa que uno viola las normas que proclama, y de este modo se abre a la crítica inmanente: cuando criticamos al Occidente liberal, utilizamos sus propias normas. Lo que Rusia ofrece es un mundo sin hipocresía, porque carece de normas éticas globales y solo practica el «respeto» pragmático por la diferencia. Se nos dio una demostración inequívoca de lo que esto significa cuando, después de que los talibanes tomaran el poder en Afganistán, al instante cerraron un trato con China: China aceptó el nuevo régimen afgano, mientras que los talibanes aceptaron ignorar lo que China está haciendo a los uigures; esta es, *en nuce*, la nueva globalización propugnada por Rusia. Y la única manera de defender lo que merece la pena salvar en nuestra tradición liberal es insistir sin descanso en su universalidad: en el momento en que aplicamos un doble rasero, somos tan «pragmáticos» como Rusia. Universalidad significa aquí que no hay lugar para la subjetividad «safari»: somos parte de la realidad, no estamos por encima.

---

1. «Russia's Sergei Lavrov compares...», cit.

¿Y EL RESTO DEL MUNDO?

Cuando comenzó la invasión rusa de Ucrania, volví a avergonzarme de ser ciudadano de Eslovenia. El gobierno esloveno proclamó de inmediato que estaba dispuesto a acoger a miles de refugiados ucranianos que huían de la ocupación rusa. Eso podría parecer razonable, pero cuando Afganistán cayó en manos de los talibanes, seis meses antes, ese mismo gobierno anunció que Eslovenia no estaba preparada para recibir a ningún refugiado procedente de allí, con la justificación de que, en lugar de escapar, la gente debía quedarse y combatir a los talibanes con las armas. En la misma línea, cuando miles de refugiados procedentes de Asia intentaron entrar en Polonia desde Bielorrusia en julio de 2021, el gobierno esloveno ofreció a Polonia ayuda militar, alegando que Europa estaba siendo atacada. Así que obviamente hay dos categorías de refugiados, los «nuestros» (europeos), es decir, los «verdaderos» refugiados, y los del tercer mundo, que no merecen nuestra hospitalidad. El gobierno esloveno publicó un tuit al día siguiente de la invasión rusa en el que dejaba clara esta distinción: «Los refugiados de Ucrania proceden de un entorno que es, en su sentido cultural, religioso e histórico, totalmente distinto del entorno del que proceden los refugiados de Afganistán». Tras el revuelo que provocó este tuit, pronto fue retirado, pero el genio de la verdad obscena abandonó la lámpara por un breve instante.

No lo menciono tanto por razones morales –aunque la cuestión moral es innegable–, sino porque creo que tal «defensa de Europa» será catastrófica para Europa Occidental en la presente lucha mundial por la influencia geopolítica. Nuestros medios de comunicación se centran ahora en el conflicto entre la esfera «liberal» occidental y la esfera «euroasiática» rusa, y cada parte acusa a la otra de suponer una amenaza existencial: Occidente, según Rusia, está fomentando «revoluciones de colores» en el Este (no solo en Ucrania, sino también en Bielorrusia, Moldavia, Bulgaria...) con el objetivo de cercar a Rusia con Estados de la OTAN; mientras tanto, Rusia intenta restaurar brutalmente su control sobre todo el antiguo dominio soviético, y nadie sabe dónde se detendrá. Ya ha dejado claro que no se quedará de brazos cruzados si Bosnia y Herzegovina se acerca a la OTAN (lo que probablemente signifique que apoyará la secesión de la región serbia de Bosnia). Sin embargo, todo esto forma parte de un juego geopolítico más amplio: basta recordar la presencia militar rusa en Siria que salvó al régimen de Assad.

A quien Occidente ignora en gran medida es al tercer grupo de países, mucho más amplio, que en su mayoría se limita a observar el conflicto: el resto del mundo, desde América Latina hasta Oriente Medio, desde África hasta el Sudeste Asiático. Ni siquiera China está dispuesta a apoyar plenamente a Rusia, aunque tiene sus propios planes para utilizar el conflicto en su beneficio. Al comienzo de la invasión, en un mensaje a Kim Jong-un, Xi Jinping dijo que China estaba dispuesta a trabajar con el lado coreano para desarrollar de manera constante las relaciones de amistad y cooperación entre China y la República Popular Democrática de Corea «en una nueva situación»[1] –una referencia cifrada a la guerra de Ucrania– y sigue existiendo el temor de que China utilice esta «nueva situación» para «liberar» Taiwán.

Por eso no basta con repetir lo obvio. Desde el principio, Putin nos dijo todo lo que necesitábamos saber sobre la posición rusa. Al día siguiente de la invasión, Putin hizo un llamamiento a los militares ucranianos para que tomaran el poder en su país y derrocaran al presidente Zelenski, alegando que sería «más fácil para nosotros llegar a un acuerdo con vosotros» que con «esta banda de drogadictos y neonazis» (el Gobierno ucraniano) que han «tomado como rehén a todo el pueblo ucraniano».[2] También deberíamos observar que Rusia ha militarizado inmediatamente todas y cada una de las contramedidas: cuando los Estados occidentales empezaron a plantearse excluir a Rusia de la SWIFT (el intermediario para las transacciones financieras), Rusia replicó que eso equivaldría a un acto de guerra. ¡Como si no hubieran empezado ya una guerra real a gran escala! Cuando anunció la invasión, Putin lo dejó claro: «A cualquiera que se plantee interferir desde el exterior, que sepa que, si lo

1. «China's Xi, in message to N.Korea's Kim, vows cooperation under "new situation" – KCNA», *Reuters*, 25 de febrero 2022: <https://www.yahoo.com/news/chinas-xi-message-n-koreas-221911185.html?guccounter=1>.

2. «"It's not rational": Putin's bizarre speech wrecks his once pragmatic image», *The Guardian*, 25 de febrero de 2022: <https://www.theguardian.com/world/2022/feb/25/its-not-rational-putins-bizarre-speech-wrecks-his-once-pragmatic-image>.

hace, se enfrentará a consecuencias mayores que cualquiera a la que se haya enfrentado en la historia».[1] Intentemos tomarnos en serio esta afirmación: «interferir desde el exterior» puede significar muchas cosas, incluido el envío de material militar defensivo a Ucrania; «¿consecuencias mayores que cualquiera a las que se haya enfrentado en la historia?». Los países europeos se han enfrentado a dos guerras mundiales con millones de muertos, así que una consecuencia «mayor» solo puede ser la destrucción nuclear.

Los que piden «comprensión» por los actos militares rusos son, como hemos visto, un grupo de extraños compañeros de cama. Quizá lo más triste de esta historia sea que bastantes miembros de la izquierda liberal pensaban que la crisis tan solo era un farol, ya que ambas partes sabían que no podían permitirse una guerra total; su mensaje era: «Tómatelo con calma, no pierdas los nervios, y no pasará nada». Y algunos otros de la «izquierda» (no puedo usar la palabra aquí sin comillas) han llegado incluso a culpar a Occidente, repitiendo como cacatúas el argumento ruso de que la OTAN estaba estrangulando y desestabilizando lentamente a Rusia, rodeándola militarmente e ignorando los temores bastante razonables de Rusia; después de todo, Rusia fue atacada dos veces desde Occidente en el siglo pasado... Hay, por supuesto, una parte de verdad en esto, pero este razonamiento equivale a justificar el régimen de Hitler sobre la base de que el injusto Tratado de Versalles aplastó

1. «Putin's terrifying warning to the West», *MailOnline*, 24 de febrero de 2022: <https://www.dailymail.co.uk/news/article-1054 5641/Putins-gives-chilling-warning-West-early-morning-TV-broad cast.html>.

la economía alemana. También implica que las grandes potencias tienen derecho a controlar sus propias esferas de influencia, sacrificando la autonomía de las naciones pequeñas en aras de la estabilidad mundial. Putin ha afirmado en repetidas ocasiones que se vio obligado a intervenir militarmente porque no había otra opción; a su manera, esto es cierto, pero tenemos que plantear aquí la cuestión clave: la intervención militar se presenta como una TINA (siglas en inglés de «no hay alternativa») para Putin *solo si aceptamos de antemano su visión global de la política como la lucha de las grandes potencias por defender y ampliar sus esferas de influencia.*

¿Y qué hay de las acusaciones de Putin sobre el fascismo ucraniano? Más bien deberíamos dar la vuelta a la pregunta y dirigirsela al propio Putin: todos aquellos que se hagan ilusiones sobre Putin deberían tener en cuenta el hecho de que elevó a la categoría de filósofo oficial a Iván Ilyín, un teólogo político ruso que, tras ser expulsado de la Unión Soviética a principios de la década de 1920 en el famoso «barco de los filósofos», defendió, tanto contra el bolchevismo como contra el liberalismo occidental, su versión del fascismo ruso: el Estado como una comunidad orgánica dirigida por un monarca paternal. Para Ilyín, el sistema social es como un cuerpo; cada uno de nosotros ocupa un lugar en este cuerpo, y la libertad significa conocer tu lugar. En consecuencia, para Ilyín, la democracia es un ritual: «Solo votamos para afirmar el apoyo colectivo a nuestro líder. El líder no es legitimado por nuestros votos ni elegido por nuestros votos».[1] ¿No es así como han funcionado *de facto* las elecciones rusas en las últimas déca-

1. Véase «An introduction to Ivan Ilyin», *Open Culture*: <https://www.openculture.com/2018/06/an-introduction-to-ivan-ilyin.html>.

das? No es de extrañar que las obras de Ilyín se reimpriman masivamente en Rusia y que se distribuyan copias gratuitas a los funcionarios del Estado y a los reclutas militares. Aleksandr Duguin, el filósofo posmoderno de la corte de Putin, sigue de cerca los pasos de Ilyín, solo que añadiendo un giro posmoderno de relativismo historicista:

> La posmodernidad demuestra que toda supuesta verdad es cuestión de fe. Creemos en lo que hacemos, creemos en lo que decimos. Y esa es la única manera de definir la verdad. Así que tenemos nuestra verdad rusa especial que ustedes deben aceptar. Si Estados Unidos no quiere empezar una guerra, debe reconocer que Estados Unidos ya no es el único amo. Y [con] la situación en Siria y Ucrania, Rusia dice: «No, ya no sois el jefe». La cuestión es quién gobierna el mundo. Solo la guerra podría decidirlo realmente.[1]

La pregunta inmediata aquí es: ¿y qué pasa con la gente de Siria, de la República Centroafricana, de Ucrania? ¿Pueden ellos también elegir su verdad/creencia o son solo un patio de recreo para los grandes «jefes» y su lucha? La idea de que cada «forma de vida» tiene su propia «verdad» es lo que hace a Putin tan popular entre la nueva derecha populista; no es de extrañar que su intervención militar en Ucrania fuera saludada por Trump y otros como el acto de un «genio».[2] Así

---

1. «The Russians who fear a war with the West», *BBC News*, 25 de octubre de 2016: <https://www.bbc.co.uk/news/world-europe-37766688>.
2. «Trump calls Putin "genius" and "savvy" for Ukraine invasion», *Politico*, 23 de febrero de 2022: <https://www.politico.com/news/2022/02/23/trump-putin-ukraine-invasion-00010923>.

que cuando Putin habla de «desnazificación», deberíamos recordar que se trata del mismo Putin que en su momento apoyó a Marine le Pen en Francia, a la Liga en Italia y a otros movimientos neofascistas *de verdad*.

Y, sin embargo, no hay nada sorprendente en todo esto. Olvidémonos de la «verdad rusa»: no es más que un mito conveniente para justificar el propio poder. Así pues, para contrarrestar realmente a Putin, deberíamos tender puentes hacia el resto del mundo, hacia los países allende las fronteras de Europa, muchos de los cuales tienen una larga lista de agravios plenamente justificados contra la colonización y la explotación occidentales. No basta con «defender Europa»: nuestra verdadera tarea es convencer a los países del tercer mundo de que, ante nuestros retos globales, podemos ofrecerles una opción mejor que Rusia o China. Debemos convencerles con hechos: poniendo fin a nuestra actual explotación neocolonialista ecológica y económica, aliviando la carga de la deuda, resolviendo las crisis que provocan emigraciones masivas, creando una coordinación sanitaria mundial para que dejen de producirse prácticas manifiestamente injustas como el acaparamiento de vacunas. La única forma de conseguirlo es cambiar *nosotros mismos*: ir más allá del poscolonialismo políticamente correcto y extirpar sin contemplaciones las formas de neocolonialismo, incluso cuando se disfrazan de ayuda humanitaria.

Si no lo hacemos, solo nos quedará preguntarnos por qué mucha gente del tercer mundo no entiende que, al defender Europa, estamos luchando también por su libertad; no lo ven porque no lo estamos haciendo realmente. El destino de Assange es una clara muestra de cómo prevalece nuestra hipocresía, por lo que no es de extrañar que, aunque Rusia no esté ganando terreno en Ucrania, sí esté ganando credibilidad en el Sur Global. A principios de 2023, Luiz Inácio Lula da Silva, el recién reelegido presidente de Brasil, dijo que Zelenski y Putin tienen la misma responsabilidad por la guerra en Ucrania, uniéndose así al club de los países «neutrales», como Sudáfrica e India, cuya neutralidad es estrictamente prorrusa. La neutralidad es aquí la neutralidad de alguien que camina por una calle, ve a un niño que recibe una paliza de un hombre mucho más grande y fuerte, y pasa tranquilamente por delante de la terrible escena replicando a los gritos desesperados de ayuda: «¡Lo siento, soy neutral!».

Casi al mismo tiempo, el músico inglés Roger Waters se dirigió al Consejo de Seguridad de la ONU a través de una videollamada y afirmó que representaba «los sentimientos de innumerables hermanos y hermanas de todo el mundo» cuando dijo:

> La invasión de Ucrania por parte de la Federación Rusa fue ilegal. La condeno en los términos más enérgicos posibles. Además, la invasión rusa de Ucrania no se produjo sin provocación. Así que también condeno a los provocadores en los términos más enérgicos posibles [...] la única línea de acción sensata hoy es pedir un alto el fuego inmediato en Ucrania, sin peros ni condiciones. Que no se pierda ni una vida ucraniana o rusa más, ni una, todas son valiosísimas a nuestros ojos. Así que ha llegado el momento de decirle la verdad al poder.

Pero ¿se trata realmente de neutralidad? ¿A qué poder quiere «decir la verdad» Waters? En una entrevista con el

Berliner Zeitung declaró: «Ahora estoy más abierto a escuchar lo que Putin dice realmente. Según las voces independientes que escucho, gobierna con cuidado y toma sus decisiones sobre la base de un consenso en el gobierno de la Federación Rusa».[1]

¿Es esto lo que descubrimos cuando escuchamos lo que Putin «dice realmente»? Sigo de cerca los medios de comunicación rusos, y veo regularmente en sus grandes canales de televisión debates en los que los participantes argumentan que Rusia debería bombardear Polonia, Alemania, el Reino Unido. Oigo y leo «argumentaciones» que describen el ataque ruso a Ucrania como una lucha por la desnazificación y la desdemonización, como si el objetivo final fuera destruir el movimiento por los derechos LGBT+ porque socava las formas tradicionales de sexualidad (uno de los reproches a Ucrania era que permitía los desfiles del Orgullo). Se oyen repetidamente expresiones sorprendentes como «totalitarismo liberal»: un comentarista llegó a afirmar que *1984* de Orwell no era una crítica al fascismo o al estalinismo, sino al liberalismo. Kadírov, aliado de Putin, declaró que, después de Ucrania, Rusia debería «desnazificar y desmilitarizar el siguiente país [...] la lucha contra el satanismo debería continuar en toda Europa y, en primer lugar, en el territorio de Polonia».[2]

Pero lo que no encuentro son declaraciones similares

1. «Ukraine criticises speech by Pink Floyd's Roger Waters at UN Security Council», *Independent*, 8 de febrero de 2023: <https://www.independent.co.uk/news/uk/roger-waters-pink-floyd-ukraine-un-security-council-pigs-b2278637.html>.
2. «Top Putin ally says he "will not hide" intention to invade Poland anymore», *Daily Beast*, 7 de febrero de 2023: <https://www.thedailybeast.com/top-putin-ally-ramzan-kadyrov-says-he-will-not-hide-intention-to-invade-poland-anymore>.

en los medios de comunicación occidentales: a pesar de todas las exageraciones posibles, su mantra principal es que debemos ayudar a Ucrania a sobrevivir. Que yo sepa, nadie pide que se cambien las fronteras de Rusia, que una parte del territorio ruso pase a manos de otros Estados. Esta línea de razonamiento debería seguirse hasta el final: las exigencias de boicotear la cultura rusa también son extremadamente contraproducentes, ya que *de facto* elevan al régimen de Putin a defensor de Pushkin, Chaikovski y Tolstói. Por el contrario, deberíamos insistir en que estamos defendiendo la gran tradición rusa contra sus abusadores. Y debemos evitar el triunfalismo: no debemos exigir que Rusia sea humillada. Nuestro objetivo debe seguir siendo positivo: no «¡Rusia debe perder!», sino «¡Ucrania debe sobrevivir!».

El argumento habitual esgrimido por los países «neutrales» del resto del mundo es que en Ucrania nos enfrentamos a un conflicto local que no tiene punto de comparación con los horrores coloniales, o con acontecimientos más recientes como la ocupación estadounidense de Irak. Este argumento yerra el tiro: con el ataque ruso a Ucrania, tenemos una brutal guerra colonial dentro de la propia Europa, y la solidaridad debería estar con los colonizados. Los Estados que optan por jugar a la neutralidad pierden el derecho a quejarse de los horrores de la colonización en cualquier otro lugar. Lo mismo ocurre con el conflicto palestino: si realmente quieres luchar contra el antisemitismo, también tienes que apoyar la resistencia palestina a lo que Israel está haciendo en Cisjordania.

Es así de simple, y a veces las cosas *son* así de simples. Especialmente ahora, más de un año después de iniciada la guerra, cuando Rusia ha celebrado el aniversario de su ataque con nuevas ofensivas destructivas, es obsceno culpar a Ucrania, descalificar su heroica resistencia como un rechazo a la paz. Cuanto más agresiva se vuelve Rusia, más presionan los «neutralistas» de todo el mundo a Ucrania para que abandone su autodefensa. Como estos neutralistas siguen ignorando lo obvio, tenemos que seguir diciéndolo, por aburrido que resulte repetir las mismas advertencias una y otra vez. Las señales indican claramente, tanto ahora como al comienzo de la guerra, que Rusia tiene la intención de seguir luchando hasta que Occidente se harte y presione a Kiev para que apacigüe a los rusos con el territorio que haya conquistado para entonces: en eso consisten las «iniciativas de paz» rusas.

La única manera de mantener abierta una posibilidad de paz en una situación así es aceptar que ya vivimos en un estado de emergencia y actuar en consecuencia. Sí, Waters tiene razón, Ucrania está «provocando» a Rusia: está provocando las ambiciones imperiales de Rusia al resistirse incluso cuando la situación es desesperada. Hoy, no provocar a Rusia significa rendirse.

CONTRA LA SOLIDARIDAD DE LOS QUE OCUPAN EL PODER

Recordemos la conocida respuesta de los miembros de una tribu aborigen al explorador que los visita por primera vez y les pregunta: «¿Todavía hay caníbales entre vosotros? ¿Sois caníbales?». A lo que le responden: «No, no somos caníbales, nos comimos al último ayer».

Si una comunidad civilizada no caníbal se constituye cuando sus miembros se comen al último caníbal, esa comunidad nunca podrá constituirse si ese «último» acto de canibalismo es calificado como tal, como un acto criminal de canibalismo, de ahí que se borre de la memoria y se proclame sagrado.

Del mismo modo, el paso de la «barbarie» al orden jurídico moderno en el «Salvaje Oeste» de Estados Unidos se llevó a cabo mediante crímenes brutales, comiéndose a los últimos caníbales, y se inventaron leyendas para ocultarlos; esto es lo que pretendía John Ford en su famosa frase: «Cuando la leyenda se hace realidad, publica la leyenda». La leyenda «se hace realidad» no en el simple sentido de verdad factual, sino en el sentido de que se convierte en un constituyente inmanente del orden sociopolítico realmente existente, de modo que rechazarla equivale a la desintegración de este orden.

Y estas prácticas ilegales continúan. Las modernas prácticas extralegales, apoyadas y posibilitadas por los aparatos de poder legalmente existentes –como la tortura, eufemísticamente denominada «técnicas de interrogatorio mejoradas»– dan fe de que nuestros Estados han seguido confiando en el lado oscuro, en una brutalidad que solo nos hacen visible los que denuncian los abusos de poder.

Hoy, sin embargo, está ocurriendo algo mucho más extraño. Está surgiendo un nuevo tipo de líder político que, citando la obra de Alenka Zupančič *Let Them Rot* («Que se pudran»),

> se enorgullece de cometer [un] delito abiertamente en lugar de hacerlo en secreto, como si se tratara de algún tipo de diferencia moral fundamental o diferencia de carácter, a saber, «tener la valentía», «las agallas», de perpetrarlo abiertamente. Pero lo que puede parecer una valiente transgresión de las leyes estatales al evitar la «hipocresía» que a veces exigen esas leyes no es más que una identificación directa con la otra cara obscena del propio poder estatal. No equivale a nada más ni a nada diferente. Están «transgrediendo» sus propias leyes. Por eso, incluso cuando están en el poder, estos líderes siguen actuando como si se opusieran al poder existente, rebelándose contra él: llamémoslo «Estado profundo» o cualquier otra cosa.[1]

---

1. Alenka Zupančič, *Let Them Rot: Antigone's Parallax*, Nueva York: Fordham University Press, 2023, p. 18. [Ed. esp.: *Que se pudran. El paralaje de Antígona*. Trad. de David Parra. Santiago de Chile, Palinodia, 2023.]

El modelo insuperable de líder obsceno que viola públicamente la ley es, por supuesto, Donald Trump. En marzo de 2022, Trump pidió que se aboliera la Constitución con el fin de anular los resultados de las elecciones de 2020 y reinstaurarse como presidente: «¿Arrojáis a la basura los resultados de las elecciones presidenciales de 2020 y declaráis al GANADOR JUSTO, o celebráis unas NUEVAS ELECCIONES? Un Fraude Masivo de este tipo y magnitud nos autoriza poner fin a todas las normas, reglamentos y artículos, incluso los que se encuentran en la Constitución».[1] Ha empezado a parecer que, en algunas democracias occidentales, el sistema legal no puede ni siquiera mantener la apariencia de democracia: si quiere sobrevivir, para parecer democrático, tiene que incumplir abiertamente sus propias leyes. Las apariencias se vienen abajo igualmente en la Rusia de hoy: en 2014, Putin afirmó que no hubo intervención militar rusa en Crimea, que la población local se rebeló contra el terror ucraniano; más tarde admitió que los soldados rusos habían intervenido de uniforme sin símbolos estatales. Yevgueni Prigozhin, jefe del Grupo Wagner, negó al principio que tuviera algo que ver con ello; más tarde, simplemente admitió que lo había organizado.

El auténtico coraje se redefine, así, como el valor de quebrantar las leyes si los intereses del Estado lo exigen. Encontramos esta postura en la admiración típicamente derechista a la hora de celebrar a los héroes que están dispuestos a hacer el trabajo sucio: es fácil hacer algo noble

---

1. Citado en «Trump calls for the termination of the Constitution in Truth Social post», *CNN.com*, 4 de diciembre de 2022: <https://edition.cnn.com/2022/12/03/politics/trump-constitution-truth-social/index.html>.

por la patria, hasta sacrificar la vida por ella, en cambio cometer un crimen por la patria es mucho más difícil. En su discurso a los líderes de las SS en Posen, el 4 de octubre de 1943, Himmler se refirió al asesinato en masa de judíos como «una página gloriosa de nuestra historia, una página que nunca se ha escrito y nunca podrá escribirse». Incluyó explícitamente la matanza de mujeres y niños: «Nos enfrentamos a la pregunta: ¿qué debemos hacer con las mujeres y los niños? También aquí decidí encontrar una solución completamente clara. No me parecía justificado exterminar a los hombres —es decir, matarlos o hacer que los mataran— y dejar que los niños crecieran para vengarse contra nuestros hijos y nietos. Hubo que tomar la difícil decisión de hacer desaparecer a este pueblo de la tierra».

Sin embargo, en Rusia y en algunos otros Estados está ocurriendo simultáneamente algo muy distinto. Bajo el régimen estalinista, las apariencias se salvaban porque comerse al último caníbal estaba explícitamente legalizado: las purgas asesinas de millones de personas representaban un permanente comerse al último caníbal. (La paradoja aquí es que, como en la *Antígona* de Sófocles, la regla no escrita de que es muy arriesgado obedecer es la propia moralidad.) Bajo el mandato de Putin, Rusia ha vuelto a elevar a rango de ley el hecho de comerse a los caníbales: el 15 de diciembre de 2022, la Duma estatal aprobó la primera lectura de un proyecto de ley que dice que cualquier delito que se haya cometido en Donetsk, Lugansk, Zaporiyia y Jersón, antes de que las cuatro regiones ucranianas se anexionaran el 30 de septiembre de ese año, «no se considerará delito punible por la ley» si se entiende que ha sido «en interés de la Federación Rusa». No estaba claro cómo se decidiría si un delito había servido a los intereses de Rusia. (Las fuerzas armadas rusas han sido acusadas de una amplia gama de delitos en las regiones ocupadas de Ucrania, desde torturas, violaciones y asesinatos hasta saqueos y vandalismo.) ¿Somos conscientes de lo que está ocurriendo aquí? No es de extrañar que la metáfora del canibalismo circule ya en los análisis críticos de la guerra de Ucrania.

Timothy Garton Ash, que escribió que «la cultura rusa es una víctima colateral del canibalismo autodevorador de Putin», tiene toda la razón cuando afirma que «ha llegado el momento de preguntarse si, objetivamente hablando, Vladimir Putin es un agente del imperialismo estadounidense. Pues ningún estadounidense ha hecho ni la mitad de daño a lo que Putin llama el "mundo ruso" que el propio líder ruso». El mismo término aparece en un magnífico vituperio contra el bravucón embajador ruso en Kazajstán, Alekséi Borodavkin, pronunciado en un ruso fluido por el periodista kazajo Arman Shuraev. «La rusofobia es todo lo que has conseguido con tus estúpidas acciones», dice. Si Rusia invade Kazajstán como ha hecho con Ucrania, «toda la estepa kazaja estará sembrada de los cadáveres de vuestros reclutas [...] Sois idiotas. Sois caníbales que os coméis a vosotros mismos».

Paradójicamente, esta falsa transparencia hace aún más peligrosas las mistificaciones del poder estatal, ya que desmantela nuestra sensibilidad moral. Por eso necesitamos más que nunca figuras como Julian Assange. Él es nuestra Antígona: se le ha mantenido durante mucho tiempo como si fuera un cadáver viviente (en una celda solitaria aislada, con contactos muy limitados con su familia y sus abogados, sin condena ni acusación oficial, a la espera de que se produzca la extradición), ¿y por qué? Porque, como espía del pueblo, reveló a la opinión pública (en una pequeña parte) el obsceno lado oscuro de la política estadounidense, en lugar de limitarse a informar de ello a los servicios secretos de una nación rival. Lo que Assange desveló es la solidaridad oculta de quienes están en el poder, incluso (o especialmente) si pertenecen a regímenes que públicamente se consideran enemigos, que defienden ideologías y sistemas sociales diferentes. Estos enemigos acérrimos no tienen ningún problema en compartir una premisa básica: la estructura de poder (aparato estatal) tiene que seguir funcionando.

Podemos aprender mucho sobre el funcionamiento de esta solidaridad si nos fijamos en cómo, en enero de 2022, se cambió el final de la película clásica de David Fincher *El club de la lucha* para el estreno en vídeo en China. En la versión original, el narrador anónimo (interpretado por Edward Norton) mata a su ego ideal imaginado, Tyler Durden (Brad Pitt), antes de ver cómo los edificios estallan en llamas, en aparente confirmación de que su plan para destruir la civilización moderna se está ejecutando. La versión que se reproduce ahora en la mayor cadena de vídeo de China se detiene antes de que exploten los edificios; en su lugar, la escena final se sustituye por un intertítulo en inglés en el que se explica que el complot anarquista fue frustrado por las autoridades: «La policía descubrió rápidamente todo el plan y detuvo a todos los criminales, impidiendo con éxito que la bomba explotara. Tras el juicio, Tyler fue enviado a un manicomio para recibir tratamiento psicológico. Fue dado de alta en 2012».

No se puede dejar de observar el tono neoconservador de este cambio: sostiene la solidaridad incondicional con el poder, aunque el poder sea en este caso el del Estado norteamericano. Es más, el disturbio no se trata como una revuelta política, sino como un caso de enfermedad mental que hay que curar. Es una ironía que el final chino se acerque al final de la novela en la que se basa la película. Al final de la película, el narrador encuentra la redención deshaciéndose de Tyler Durden como ego ideal (se dispara para que la bala le atraviese la mejilla), y asumiendo toda la responsabilidad personal por el acto revolucionario violento que ha planeado (volar bancos que guardan archivos de tarjetas de crédito). Aquí no hay ningún indicio de patología; al contrario, en este punto se convierte en «normal», por lo que ya no tiene necesidad de castigarse; su energía destructiva puede dirigirse hacia fuera, hacia la realidad social.

En la novela en la que se basa la película, el narrador es internado en un psiquiátrico, al igual que en la versión china de la película. Sin embargo, la novela puede leerse como una historia sobre el paso a la edad adulta, y el hecho de que sea internado en un psiquiátrico no es más que una señal de que nuestra sociedad, que confunde madurez con locura, está loca de por sí. Esto no se aplica en absoluto a la versión china, en la que la historia del narrador se descarta como un caso patológico y el orden social se percibe como algo normal que hay que mantener. Lo que debería hacernos reflexionar es el extraño hecho de que China, un país que se legitima como una alternativa socialista al liberalismo occidental, cambie el final de una película que es muy crítica con la sociedad liberal occidental, descalificando su postura crítica como una manifestación de locura que debería curarse en una institución mental.

¿Por qué China hace esto? Solo hay una respuesta coherente. En octubre de 2019, los medios de comunicación chinos lanzaron una ofensiva propalando la afirmación de que las manifestaciones en Europa y Sudamérica (en general protestas contra las medidas de austeridad económica) eran en realidad el resultado directo de la tolerancia occidental hacia los disturbios de Hong Kong. En un comentario publicado en *Beijing News*, el exdiplomático chino Wang Zhen escribió que «el impacto desastroso de un "Hong Kong caótico" ha empezado a influir en el mundo occidental», sugiriendo que los manifestantes «de Chile y España» estaban tomando ejemplo de Hong Kong. En la misma línea, un editorial del *Global Times* sostenía que «hay muchos problemas en Occidente y numerosas corrientes ocultas de insatisfacción. Muchas de ellas acabarán manifestándose como lo hicieron las protestas de Hong Kong». Lo que quedó claro fue lo siguiente: la China comunista está aprovechándose discretamente de la solidaridad de los que están *en el poder* en todo el mundo, uniéndolos contra la población rebelde, advirtiendo a Occidente de que no subestime el descontento en sus propios países, como si, por debajo de todas las tensiones ideológicas y geopolíticas, todos compartieran el mismo interés básico: aferrarse al poder.

¿Y qué significa esto para la guerra en curso en Europa? Quizá nos permita ver con más claridad las razones por las que Occidente se equivocó tanto. Primero, pensamos que no habría invasión. Luego pensamos que la guerra acabaría en unos días. Luego, cuando Ucrania mostró una fuerte resistencia, pensamos que Putin podría perder. Luego pensamos que la economía rusa se hundiría por las sanciones y que Putin sería derrocado. Ahora Rusia está ganando terreno, su economía va bien y Putin no parece que vaya a irse a ninguna parte.

Se avecina un futuro más sombrío. En junio de 2022, reunidos en su primera convención presencial desde 2018,

112

los republicanos tejanos aprobaron diversas mociones que declaraban que el presidente Joe Biden «no fue elegido legítimamente» y reprendían al senador John Cornyn por participar en conversaciones bipartidistas sobre el control de las armas. También aprobaron una moción que declaraba la homosexualidad «un estilo de vida anormal» y pedía que los escolares tejanos «aprendieran que un niño ya es humano antes de nacer». La primera medida, declarar que el presidente Joe Biden «no fue elegido de manera legítima», fue un claro paso en la senda de una (por el momento «fría») guerra civil en Estados Unidos: deslegitima el orden político existente. Si combinamos este y otros indicios de que el Partido Republicano está más que nunca controlado por Trump con la fatiga por la guerra de Ucrania, se plantea una posibilidad preocupante: ¿y si Trump o DeSantis ganan las próximas elecciones presidenciales e imponen un pacto con Rusia, abandonando a los ucranianos del mismo modo que Trump hizo con los kurdos en Siria?

Durante la revuelta del Maidán en 2013, se filtró una llamada telefónica realizada por la diplomática estadounidense Victoria Nuland. Durante la llamada, declaró de manera espontánea: «¡Que se joda la UE!», una clara señal de que Estados Unidos perseguía sus propios objetivos en Ucrania. Putin también ha perseguido durante años la política de «¡Que se joda Europa!», de desmantelarla mediante el apoyo al Brexit, al separatismo catalán, a Le Pen en Francia, a Salvini en Italia... Este eje antieuropeo que une a Putin con ciertas tendencias de la política estadounidense es uno de los elementos más peligrosos de la situación actual, y plantea a los países africanos, asiáticos y latinoamericanos un difícil dilema. Si siguen el viejo instinto antieuropeo y se inclinan hacia Rusia, lo que nos espera es un mundo infeliz.

La versión rusa de los hechos (adoptada incluso por algunos izquierdistas occidentales) sostiene que la revuelta del Maidán —la ola de manifestaciones y disturbios civiles en Ucrania, que comenzó el 21 de noviembre de 2013 con grandes protestas en la Maidán Nezalézhnosti (Plaza de la Independencia) de Kiev— fue un golpe de Estado nazi contra un gobierno elegido democráticamente, cuidadosamente orquestado por Estados Unidos. Por supuesto, los acontecimientos fueron caóticos, con muchas tendencias diferentes e injerencias extranjeras, pero, fuera lo que fuera, Maidán fue en su esencia una auténtica revuelta popular. Durante la revuelta, Maidán se convirtió en una enorme acampada de protesta ocupada por miles de manifestantes y protegida por barricadas improvisadas. Contaba con cocinas, puestos de primeros auxilios e instalaciones de radiodifusión, así como escenarios para discursos, conferencias, debates y actuaciones. Era algo mucho más parecido a lo que ocurrió en Hong Kong, en Estambul o durante la Primavera Árabe.

La revuelta del Maidán puede y debe compararse también con las protestas bielorrusas de 2020-2021, que fueron sofocadas brutalmente. Pero de ninguna manera el ataque del 6 de enero de 2021 al Capitolio de Washington debería calificarse de Maidán estadounidense. Algunos de mis amigos estaban totalmente traumatizados por las escenas de la turba invadiendo el Capitolio: «La multitud está tomando la sede del poder. ¡Deberíamos estar haciendo eso! Lo está haciendo la gente equivocada». Quizá por eso la derecha populista molesta tanto a la izquierda: los derechistas le están robando toda la diversión a la izquierda.

Recordemos lo que dijo Putin el 21 de febrero de 2022. Tras afirmar que Ucrania era una creación bolchevique, pasó a esgrimir que:

Hoy la «progenie agradecida» [de Lenin] ha derribado monumentos dedicados a Lenin en Ucrania. Lo llaman descomunización. ¿Quieren la descomunización? Muy bien, nos parece muy bien. Pero ¿por qué quedarse a mitad de camino? Estamos dispuestos a demostrar lo que significaría una verdadera descomunización para Ucrania.[1]

La lógica de Putin es clara: Ucrania fue una creación bolchevique (de Lenin), por lo que la verdadera descomunización significa el fin de Ucrania. Pero no hay que olvidar también que la «descomunización» debe tomarse aquí literalmente: un esfuerzo por borrar los últimos rastros del legado del estado del bienestar.

Esto nos lleva de nuevo a nuestra principal preocupación. Durante años, Rusia y China se han dejado llevar por el pánico cada vez que estalla una rebelión popular en algún lugar de su dominio de influencia, y por regla general la interpretan como un complot instigado por Occidente, como obra de propagandistas y agentes extranjeros. China es ahora al menos lo bastante honesta como para admitir que existe un profundo descontento en todo el mundo. El problema es que su respuesta no reconoce la causa del descontento popular, sino que apela a la solidaridad de los que están en el poder, sea cual sea el lado de la nueva división ideológica en el que se encuentren. Pero ¿y si permanecemos fieles a la tradición izquierdista y mantenemos la solidaridad de los que se rebelan?

---

1. Citado de «Address by the President of the Federation», 21 de febrero de 2022: <http://en.kremlin.ru/events/president/news/67828>.

LENIN EN UCRANIA, HOY

Hay situaciones en las que no basta con una decisión de principios, sino que hace falta una elección estratégica bien meditada entre lo malo y lo peor. Bolivia tiene quizá las mayores reservas de litio del mundo y ahora planea empezar a extraerlo, pero los ecologistas se oponen rotundamente a ello, ya que la extracción es altamente contaminante, aunque se haga con altas exigencias medioambientales. Sin embargo, ¿por qué debería sacrificarse la pobre Bolivia y negarse a convertirse en la Arabia Saudí del litio cuando las economías occidentales desarrolladas siguen contaminando el medioambiente en un grado mucho mayor?

Y lo mismo vale para Ucrania: no basta con pedir negociaciones y ofrecer apoyo moral. Entonces, ¿qué debemos hacer, hasta dónde debemos llegar para ayudar a Ucrania sin arriesgarnos a una nueva guerra mundial? ¿Deberían enviarse armas a Ucrania (como ya se está haciendo)? ¿Debería declararse zona de exclusión aérea? Lenin pensaba que una gran guerra podría crear las condiciones para una revolución, pero ahora necesitamos algún tipo de revolución para evitar una guerra. Recordemos lo que dijo el ministro ruso de Asuntos Exteriores, Serguéi Lavrov, en febrero de 2022: si se produjera una tercera guerra mundial, implicaría el uso de armas nucleares. Sabemos que hace años Putin declaró públicamente que, si en una futura guerra Rusia perdiera la batalla terrestre, estaría dispuesta a ser la primera en utilizar armas nucleares. Como ya hemos visto, Mao Zedong estaba equivocado: cuando a los tigres de papel les va mal en una guerra, son incluso más peligrosos que los reales.

No hay que ser demasiado pesimista: aunque Rusia ocupe de algún modo toda Ucrania, este país ya se está preparando para la guerra de guerrillas, distribuyendo enormes cantidades de armas a hombres y mujeres civiles. Pero tampoco debemos hacernos ilusiones: la guerra entre Rusia y la OTAN ya ha comenzado, aunque hasta ahora se haya librado sobre todo a través de terceros países. Rusia ya está interviniendo en Bosnia y Kosovo, y, como mencionó Lavrov, la ambición final de Rusia es desmilitarizar toda Europa. Así que, una vez más, no solo necesitamos decisiones basadas en principios, sino un pensamiento y unas acciones estratégicas bien calculados.

La clave para conciliar el fanatismo de los principios y un pragmatismo despiadado es la capacidad de analizar una situación concreta de modo que se transforme en una única opción abstracta, prescindiendo de la miríada de características no esenciales que la rodean. Un problema matemático se hizo viral a finales de 2022, cuando se supo que a los alumnos chinos de quinto curso (diez u once años) se les planteaba la siguiente pregunta: «Si un barco lleva veintiséis ovejas y diez cabras a bordo, ¿cuántos años tiene el capitán del barco?». Las autoridades chinas explicaron que la pregunta se utilizaba en los exámenes para incitar el pensamiento crítico. Obviamente, la respuesta correcta es: «No se dispone de datos suficientes para dar una respuesta». Sin embargo, algunos individuos dieron una respuesta ingeniosa, aunque aproximada, basada en sus conocimientos de la legislación china: para ser capitán de un barco que transporta más de cinco toneladas de carga (veintiséis ovejas y diez cabras pesan unas siete toneladas), se tiene que haber trabajado como capitán de un barco más pequeño durante al menos cinco años; y la edad mínima para ser capitán de barco es veintitrés años; por tanto, el capitán debe tener al menos veintiocho años. Pronto nos dimos cuenta de que, por la misma razón, se había planteado una pregunta similar a los alumnos de Francia, y más tarde a los de otros países vecinos. La sorpresa estriba en el número de alumnos que responden tratando desesperadamente de interpretar los números; por desgracia, la respuesta más frecuente es que, como 26 + 10 = 36, esta debe de ser la edad del capitán... La lección es la siguiente: no debemos sucumbir a la tentación de leer el significado de los números, especialmente en una época obsesionada con las estadísticas. A un nivel más general, es esencial recordar que, a la hora de resolver un problema preciso, hay que aprender a ignorar los datos irrelevantes.[1] Pensar no implica tener en cuenta la infinita complejidad de cada situación; al contrario, el pensamiento empieza por aprender a abstraer, a ignorar los detalles ajenos. Esto es válido tanto para la ideología como para la física cuántica: ¿no es uno de nuestros procedimientos ideológicos preferidos explicar un fenómeno como el éxito económico inesperado a través de las características personales del individuo que se hizo rico («trabajó muy duro, es muy inteligente»)? Cuando leemos que se da un enlace

1. Véase <https://www.youtube.com/watch?v=uyS1cXrsgIg>.

instantáneo (es decir, más rápido que la luz) entre partículas, la mayoría de nosotros, por regla general, seguimos recurriendo a nuestra noción ordinaria de espacio y tiempo, y luego tratamos de imaginar la velocidad casi infinita de la información que conecta las partículas en cuestión. Y esto es especialmente válido para la política emancipadora radical: en su núcleo está el arte de combinar la fidelidad a la Causa con los ajustes pragmáticos y estratégicos más despiadados en la persecución de esta Causa. El modelo insuperable sigue siendo aquí Lenin, como explica Adam Tooze:

> El 14 de mayo [de 1918] Lenin propuso que se ofreciera al imperialismo alemán un amplio plan de cooperación económica. A modo de justificación ofreció la que seguramente fue la más extraña de sus muchas modificaciones del marxismo ortodoxo. La necesidad de una estrecha alianza entre la Revolución rusa y la Alemania imperial, argumentaba, surgía de la retorcida lógica de la propia historia. En 1918, la historia había «tomado un *curso tan peculiar* que ha dado a luz [...] a dos mitades inconexas del socialismo que existen una al lado de la otra, como dos futuros pollos en el único cascarón del imperialismo internacional».
>
> [Para Lenin,] la legendaria organización económica de Alemania en tiempos de guerra [...] era «la encarnación más sorprendente de la realización material de las condiciones económicas, productivas y socioeconómicas para el socialismo».[1]

1. Adam Tooze, *The Deluge*, Londres: Penguin Books, 2014, pp. 151-152. [Ed. esp.: *El diluvio*. Trad. de Joan Rabasseda y Teófilo de Lozoya. Barcelona, Crítica, 2022.]

Hay que observar aquí que Lenin no habla del desarrollo de las fuerzas productivas alemanas, sino de la «organización económica», de la forma concreta en que se organizan las relaciones entre las personas en las grandes empresas industriales en una economía de guerra. Lo que esto significa es que el socialismo debe hacerse cargo de esta organización, poniéndola bajo el control del Estado. La seriedad de la idea de Lenin de cooperar con Alemania se demuestra en otro detalle: después de que los británicos abrieron un frente antibolchevique en Murmansk, el gobierno bolchevique pidió oficialmente a Alemania que interviniera militarmente para estabilizarlo, es decir, para impedir que el ejército británico avanzara hacia el sur. Esta idea escandalizó incluso a Rosa Luxemburg, aunque al final quedó en papel mojado por las dudas de Alemania.[1] La lección de tales paradojas es muy clara: lo que caracteriza al auténtico pensamiento emancipador no es una visión de un futuro armonioso y sin conflictos, sino la noción propiamente dialéctica de *antagonismo*, que es totalmente incompatible con la (insaciable) necesidad derechista de tener un enemigo contra el que afirmar nuestra propia identidad.

¿Qué implica esta posición (a la que me sumo plenamente) en la Ucrania actual? Una cosa es segura: hasta la guerra de 2022, la gran mayoría de Ucrania era bilingüe, y saltaba del ruso al ucraniano y viceversa sin mayor preocupación. La invasión rusa no solo logró la unificación de Europa Occidental, sino que también dio un gran impulso precisamente a lo que Rusia niega que exista: una identidad ucraniana clara, opuesta e incluso excluyente con respecto a la identidad rusa. La «ucranización» reprimida

1. Tooze, *The Deluge*, cit., p. 166.

de la década de 1920 vuelve exactamente cien años después, pero esta vez con un tono político muy diferente. No hay excusa para algunas de las decisiones que Ucrania —y algunos de los estados bálticos— han tomado en los últimos años, como rehabilitar a ciertos colaboradores nazis (que participaron activamente en las liquidaciones masivas de judíos y prisioneros rusos) como grandes héroes de la resistencia anticomunista. En 2019, el parlamento ucraniano declaró el 1 de enero Día Nacional de Conmemoración de Stepán Bandera, que sumó fuerzas brevemente con los ocupantes nazis de Ucrania; algunos de sus partidarios en la Organización de Nacionalistas Ucranianos, que él dirigía, cometieron innumerables crímenes de guerra contra los judíos. A pesar de todo, Bandera fue elevado a la categoría de Héroe de Ucrania por el expresidente Víktor Yúshchenko, y ahora abundan estatuas suyas en Ucrania. La región de Leópolis, ciudad natal de Bandera, declaró el 2019 «Año Stepán Bandera», lo que provocó protestas por parte de Israel. El Comité Estatal de Televisión y Radio de Ucrania prohibió *The Book Thieves*, del historiador sueco Anders Rydell: el decreto citaba que el libro «incitaba al odio étnico, racial y religioso», referencia al análisis crítico que lleva a cabo Rydell de las acciones de Symon Petlyura, otro nacionalista cuyas tropas asesinaron a innumerables judíos en pogromos.[1] Por no mencionar el hecho de que los nacionalistas radicales de Ucrania han propuesto la prohibición del uso de la lengua rusa en el espacio público. Esta es la razón por la que Israel mantiene su neutralidad en la guerra en curso y no está dispuesta

1. «Ukraine commits statue-cide», *BBC News*, 24 de febrero de 2014: <https://www.bbc.co.uk/news/blogs-magazine-monitor-2632 1963>.

a condenar a Rusia. Si Ucrania se propone seriamente encontrar un camino hacia la emancipación, hacia la unión con las naciones «civilizadas», el primer paso debe ser sacar a la luz y condenar claramente toda participación en el Holocausto, el acto «no civilizado» por excelencia.

Para evitar un malentendido fatal, esto no implica ningún tipo de relativización de la invasión rusa en el sentido vulgar de que «nadie tiene las manos limpias»: Rusia cometió un acto inconcebiblemente horrible. Esta es la verdad de la situación. Sin embargo, en su perspicaz análisis de los embrollos de las revoluciones europeas modernas que culminaron en el estalinismo, Jean-Claude Milner insiste en la brecha radical que separa la exactitud (la verdad factual, la precisión sobre los hechos) y la Verdad (la Causa con la que estamos comprometidos):

> Cuando se admite la diferencia radical entre exactitud y verdad, solo queda una máxima ética: no oponer nunca las dos. Nunca convertir lo inexacto en el instrumento privilegiado de los efectos de la verdad. Nunca transformar estos efectos en subproductos de la mentira. Nunca convertir lo real en un instrumento de la búsqueda de la realidad.[1]

Aplicado a Ucrania, esto significa: nunca debemos permitir que la verdad básica de la situación y la elección impuesta por ella (apoyar a Ucrania) ensombrezcan los hechos en toda su confusión y ambigüedad (como en: «Ahora no es el momento adecuado para sacar a la luz los lados oscuros de Ucrania»). Las justificaciones de Rusia

---

1. Jean-Claude Milner, *Relire la Révolution*, Lagrasse: Verdier, 2016, p. 246.

para su invasión son mentiras, pero a veces son mentiras disfrazadas de pequeñas verdades parciales, que deberían tratarse abiertamente. Es en interés de los propios ucranianos, de hacer avanzar su Causa, que hemos de sacar a la luz todos sus errores y pequeñas mentiras (como la negación ocasional de la grandeza de la cultura rusa). Si las negamos o ignoramos, actuamos como si su Causa solo pudiera sostenerse con esas mentiras. Los ucranianos no se merecen esto: hay muchos pequeños actos sublimes que atestiguan la grandeza de su Causa.

¿QUÉ CRECERÁ DE UN BOLSILLO LLENO DE SEMILLAS DE GIRASOL?

En la primera semana de la invasión rusa de Ucrania, Michael Marder publicó un magnífico ensayo en la revista *Salon*, magnífico porque conseguía lo que más se necesita hoy en día: añadir una dimensión filosófica más profunda a nuestras reacciones ante la catástrofe ucraniana.[1] Describe un incidente que me trajo a la memoria la novela de Agatha Christie, *A Pocket Full of Rye* (traducido al castellano como *Un puñado de centeno*), en la que un rico hombre de negocios londinense muere después de tomarse el té por la mañana, y al registrar su ropa encuentran centeno en el bolsillo de su chaqueta. En la novela, la razón por la que el centeno se encuentra allí es que «un bolsillo lleno de centeno» forma parte de una canción infantil a la que hace referencia el asesino.

Esto nos lleva a Ucrania, donde ocurrió algo increíblemente parecido, pero no con el centeno, sino con las

---

1. Véase «Vegetal redemption: a Ukrainian woman and Russian soldiers», *The Philosophical Salon*, 26 de febrero de 2022: <https://thephilosophicalsalon.com/vegetal-redemption-a-ukrainian-woman-and-russian-soldiers/>.

pipas de girasol. Marder relata que, en Geníchesk, una ciudad portuaria en el mar de Azov, una anciana ucraniana se enfrentó a un soldado ruso fuertemente armado y le ofreció semillas de girasol para que se las metiera en el bolsillo, a fin de que florecieran cuando muriera y su cuerpo, al pudrirse en la tierra, tuviera algún valor al alimentar a la planta en crecimiento.[1]

Lo que me inquietó de este gesto fue la falta de simpatía por los soldados rusos de a pie, muchos de los cuales fueron enviados en misión a Ucrania sin los suministros de alimentos adecuados y otras provisiones, algunos sin saber siquiera dónde estaban ni por qué; incluso se ha informado que algunos ucranianos les llevaban comida. Eso me trajo recuerdos de la Primavera de Praga de 1968: llegué allí un día antes de la invasión soviética, y me dejaron vagando por la ciudad un par de días hasta que se organizó el transporte de extranjeros. Lo que me impresionó de inmediato fue la confusión y la pobreza de los soldados rasos, en claro contraste con los oficiales, a los que los soldados temían mucho más que a nosotros, los manifestantes.

Incluso en estos tiempos de locura, no debería darnos vergüenza aferrarnos a los últimos vestigios de normalidad e invocar la cultura popular. Permitidme mencionar otro clásico de Agatha Christie, *The Hollow* (cuyo título en español es *Sangre en la piscina*), en el que la excéntrica Lucy Angkatell ha invitado a los Christow (John, un destacado médico de Harley Street, y su esposa Gerda), junto

---

1. «"Put sunflower seeds in your pockets so they grow on Ukraine soil when you DIE"», *MailOnline*, 25 de febrero de 2023: <https://www.dailymail.co.uk/news/article-10548649/Put-sunflower-seeds-pockets-grow-Ukraine-soil-Woman-confronts-Russian-troops.html>.

con algunos parientes cercanos, a pasar el fin de semana en su finca. Hércules Poirot (que se aloja cerca, en su casa de campo) también es invitado a cenar; a la mañana siguiente es testigo de una escena que parece extrañamente ensayada: Gerda Christow está de pie con una pistola en la mano junto al cadáver de John, mientras este se desangra en la piscina. Lucy, Henrietta (amante de John) y Edward (primo de Lucy y primo segundo de Henrietta) también están presentes. John lanza un último grito desesperado: «¡Henrietta!», y muere. Parece evidente que Gerda es la asesina.

Henrietta se adelanta para coger el revólver de su mano, pero al parecer se le escurre y cae a la piscina, destruyendo las pruebas. Poirot se da cuenta de que el «Henrietta» del moribundo era una llamada a su amante para que protegiera a su esposa de ser encarcelada por su propia muerte; sin un plan consciente, toda la familia se ha unido a la conjura y ha confundido deliberadamente a Poirot, ya que todos saben que Gerda es la asesina e intentan salvarla.

Se trata de una inteligente inversión de la fórmula estándar, según la cual se comete un asesinato, hay un grupo de sospechosos que tienen el motivo y la oportunidad de cometerlo, y, aunque el culpable parece obvio, el detective descubre pistas que desmontan la escena del crimen, un montaje preparado por el verdadero asesino para disimular sus huellas. En cambio, el grupo de sospechosos de Christie genera pistas que los implican a ellos para encubrir el hecho de que el verdadero asesino es el que obviamente fue sorprendido en la escena del crimen con una pistola en la mano. Así pues, la escena del crimen es un montaje, pero de un modo reflexivo: el engaño reside en el hecho mismo de parecer artificial, un montaje –la verdad se enmascara como artificio, de modo que las verdaderas falsificaciones son las propias «pistas»– o, como dice Jane Marple en otro clásico de Christie, *They Do It with Mirrors* (en español traducida como *El truco de los espejos*): «Nunca subestimes el poder de lo obvio».

Esto debería recordarnos el modo en que funciona la ideología, especialmente hoy en día: se presenta como algo misterioso que apunta hacia un trasfondo oculto, para encubrir el crimen que está cometiendo (o legitimando) abiertamente. Por eso, en cierto modo, hay que ignorar la «complejidad» oculta de la situación y confiar en lo que tenemos ante los ojos.

Entonces, ¿qué está ocurriendo en realidad? ¿Recordáis la época anterior a la pandemia, cuando la crisis climática copaba los titulares? Fue eclipsada por la llegada del Covid, que se convirtió en la gran noticia de nuestros medios. Pero una vez que comenzó la invasión rusa de Ucrania, la pandemia prácticamente desapareció; fue Ucrania la que ocupó los titulares. Y en todo caso, el miedo que sentimos hoy es mucho mayor, mucho más agudo: hay casi una nostalgia por los dos años de lucha contra la pandemia, o por la época anterior, cuando el único peligro presente era una aparentemente lejana amenaza de calentamiento. Este cambio repentino demuestra el límite de nuestra libertad: nadie eligió este cambio, simplemente ocurrió (excepto para los teóricos de la conspiración que afirman que la crisis ucraniana es otro complot del sistema para continuar con el estado de emergencia y mantenernos bajo control).

A pesar de las amenazas reales que plantean los virus y las olas de calor, las sequías, las hambrunas y las inundaciones, en la actualidad, en 2023, estamos cautivados por la guerra. Incluso algunos izquierdistas llevan una venda ante los ojos y consideran a Putin y Aleksandr Duguin personajes que se oponen al orden capitalista global, defensores de la diversidad irreductible de las identidades étnico-culturales. Pero la diversidad que defiende Duguin es una diversidad basada en las identidades étnicas, no una diversidad dentro de los grupos étnicos, razón por la cual «solo la guerra podrá decidirlo realmente». El auge de las identidades étnicas fundamentalistas es, en última instancia, la otra cara de la moneda del capitalismo global, no su opuesto. Necesitamos urgentemente más globalización, no menos: necesitamos más que nunca solidaridad y cooperación globales si queremos plantar cara seriamente a las amenazas inmediatas a las que nos enfrentamos, la principal de las cuales es el calentamiento global.

G. K. Chesterton escribió: «Quita lo sobrenatural y lo que te queda es lo antinatural». Deberíamos suscribir esta afirmación, pero en el sentido opuesto, no en el que pretendía decir Chesterton: deberíamos aceptar que la naturaleza es «antinatural», un espectáculo de perturbaciones contingentes sin razón aparente. A finales de junio de 2021, una «cúpula de calor» –un fenómeno meteorológico en el que un sistema de altas presiones atrapa y comprime aire caliente, elevando las temperaturas y asando una región– sobre el noroeste de Estados Unidos y el suroeste de Canadá provocó temperaturas cercanas a los cincuenta grados centígrados, de modo que en Vancouver hacía más calor que en Oriente Próximo. Aunque una «cúpula de calor» es un fenómeno local, lo cierto es que se produce a causa de una perturbación global que depende claramente de las intervenciones humanas en los ciclos naturales, por lo que debemos actuar contra ella globalmente. Esto, por supuesto, no implica en modo alguno que debamos tratar la guerra de Ucrania como un conflicto local de escasa importancia; simplemente debemos mantener siempre una perspectiva global y situar la guerra actual entre las demás crisis, y comprender lo que implica para la desintegración gradual del capitalismo global. Entonces, ¿qué podemos hacer? ¿Y qué podemos aprender de Putin? Recordemos que, uno o dos días después del estallido de la guerra, Putin pidió al ejército ucraniano que derrocara el gobierno de Zelenski y tomara el poder, alegando que sería mucho más fácil negociar la paz con ellos. Tal vez sería bueno que algo así sucediera en la propia Rusia (donde, en 1953, el mariscal Zhúkov sí ayudó a Jruschov a derrocar a Beria). Entonces, ¿significa esto que debemos simplemente demonizar a Putin? No. Como hemos visto, para contrarrestar realmente a Putin, tenemos que reunir la valentía necesaria para poder vernos de manera crítica.

¿A qué ha estado jugando el Occidente liberal con Rusia durante las últimas tres décadas? ¿Acaso no empujó efectivamente a Rusia hacia el fascismo? Solo hay que recordar los catastróficos «consejos» económicos dados a Rusia en los años de Yeltsin. Sí, es obvio que Putin llevaba tiempo preparándose para esta guerra, pero Occidente lo sabía, así que la guerra no es en absoluto una sorpresa inesperada. De hecho, hay buenas razones para creer que Occidente estaba acorralando a Rusia. Aunque no justifica en absoluto su ataque a Ucrania, el temor ruso a verse rodeado por la OTAN dista mucho de ser producto de una imaginación paranoica. Hay un momento de verdad en lo que dijo nada menos que Viktor Orbán:

> ¿Cómo surgió la guerra? Estamos atrapados en un fuego cruzado entre los principales actores geopolíticos: la OTAN se ha ido expandiendo hacia el este, y Rusia

cada vez se siente menos cómoda con ello. Los rusos plantearon dos exigencias: que Ucrania declarara su neutralidad y que la OTAN no admitiera a Ucrania. Al no concederse a los rusos estas garantías de seguridad, decidieron tomarlas por la fuerza de las armas. Este es el significado geopolítico de esta guerra.[1]

Esta pequeña verdad, por supuesto, encubre una Gran Mentira: el disparatado juego geopolítico que Rusia está llevando a cabo, pero tampoco deberíamos ignorar tales detalles o desestimarlos por carecer de importancia, del mismo modo que nunca deberíamos sucumbir a la tentación de ignorar pequeñas mentiras en nombre de una Gran Verdad. Por eso, en cuanto a la situación actual, no debería haber tabúes que impidan el análisis crítico. Por supuesto, como ya hemos visto, tampoco se puede confiar incondicionalmente en la parte ucraniana, y la situación en la región del Dombás dista mucho de estar clara. Asimismo, la oleada de exclusiones de artistas rusos es casi una locura. Cuando estalló la guerra, la Universidad de Milán-Bicocca (Italia) suspendió una serie de conferencias sobre las novelas de Dostoievski a cargo de Paolo Nori con un argumento muy putiniano: es solo un gesto preventivo para mantener la calma...[2] (La suspensión se anuló un par de días después.) Pero el contacto cultural con Rusia es ahora más importante que nunca. ¿Y qué decir del

1. «Interview with Prime Minister Viktor Orbán in the political weekly Mandiner», *About Hungary*, 3 de marzo 2022: <https://about-hungary.hu/speeches-and-remarks/interview-with-prime-minister-viktor-orban-in-the-political-weekly-mandiner>.

2. «Nori case: Bicocca, the course will be held», *Icon News*: <https://www.ruetir.com/2022/03/02/nori-case-bicocca-the-course-will-be-held-icon-news/>.

megaescándalo de permitir solo la entrada en Europa a los ucranianos, y no a los estudiantes y trabajadores del tercer mundo que hay en Ucrania y que también intentan escapar de la guerra?

El horror que sienten nuestros corresponsales y comentaristas ante lo que está ocurriendo en Ucrania es comprensible, pero profundamente ambiguo. Puede significar: ahora que hemos visto que tales horrores no se limitan al tercer mundo, que no son solo algo que vemos cómodamente en nuestras pantallas, que también pueden ocurrir aquí, comprendemos que si queremos vivir seguros debemos combatirlos en todas partes. Pero también puede significar: dejemos que los horrores se queden allí, lejos, protejámonos de ellos. Sí, tienen razón, Putin es un criminal de guerra, pero ¿lo hemos descubierto ahora? ¿No era ya un criminal de guerra hace un par de años, cuando, para salvar al régimen de Assad, los aviones rusos bombardeaban Alepo, la ciudad más grande de Siria, con una brutalidad mucho mayor que la desplegada ahora en Kiev? Entonces lo sabíamos, pero nuestra indignación era puramente moral y verbal. El sentimiento de una mucho mayor simpatía por los ucranianos, que son «como nosotros», muestra el límite del intento de Frederic Lordon de fundamentar la política emancipadora en un sentido de «pertenencia», basado en lo que Spinoza llamó «imitación de afectos» transindividual. Lo que debemos hacer es ser solidarios con aquellos con los que no compartimos una comunidad afectiva.

Ucrania era el país más pobre de todos los Estados postsoviéticos. Aunque los ucranianos –esperemos– ganen, su defensa victoriosa será su momento de la verdad. Tendrán que aprender la lección de que no les basta con «alcanzar» a Occidente, ya que la propia democracia libe-

ral occidental está sumida en una profunda crisis. Si triun-
fa una Europa que excluya a los «incivilizados», ya no necesitaremos que Rusia nos destruya: lo habremos conseguido
por nosotros mismos.

LOS SIGNOS INEQUÍVOCOS DE LA DECADENCIA ÉTICA

Una de las medidas más fiables del progreso ético es el aumento de cierto tipo de dogmatismo. En un país normal no hay debate sobre si la violación y la tortura son tolerables ni sobre cuándo lo son: la gente acepta «dogmáticamente» que están fuera de lugar, y los que las defienden simplemente son tachados de monstruos. Un signo claro de decadencia ética es que empecemos a debatir sobre la violación (¿existen las «violaciones legítimas»?), o que la tortura no solo se tolere en silencio, sino que se exhiba públicamente. Poco a poco, se hacen posibles cosas que antes eran inimaginables. He aquí el último caso: en noviembre de 2022, Yevgueni Prigozhin respondió a un vídeo no verificado compartido en Telegram. El vídeo muestra a un hombre identificado como Yevgueni Nuzhin −un antiguo prisionero ruso que había sido reclutado como mercenario del Grupo Wagner− que es ejecutado tras confesar que cambió de bando en septiembre para «luchar contra los rusos». Nuzhin explica que fue secuestrado en Kiev el 11 de octubre, y que volvió en sí en un sótano. Cuando dice estas palabras, un hombre no identificado que merodea vestido de combate detrás de él le golpea con un mazo en la cabeza y el cuello. El vídeo se publicó con el título «El martillo de la venganza». Cuando se le pidió que comentara el vídeo de la ejecución, Prigozhin dijo, en declaraciones difundidas por su portavoz, que el vídeo debería titularse «Un perro recibe una muerte de perro».[1]

Pero aquí no acaba la historia: a finales de noviembre de 2022, el Grupo Wagner de Prigozhin envió un mazo «ensangrentado» en un estuche de violín al Parlamento Europeo, después de que los diputados iniciaran un procedimiento para calificarlos de terroristas. Prigozhin publicó un vídeo en el que se veía a un abogado trajeado que trabajaba para el Grupo Wagner y que portaba un estuche de violín a una habitación vacía: lo coloca sobre una mesa, levanta la tapa del estuche y muestra un mazo muy pulido, con la cabeza grabada con el logotipo de Wagner y el mango embadurnado de pintura roja que representa la sangre. Prigozhin comentó que enviaba el mazo al Parlamento Europeo como «información» antes de que sus miembros tomaran una decisión.[2] Y la historia continúa: Al Jazeera informó más tarde de que

un funcionario ucraniano ha declarado que embajadas y consulados ucranianos en seis países europeos han recibido recientemente paquetes con ojos de animales. El

1. «Video shows sledgehammer execution of Russian mercenary», *Reuters*, 13 de noviembre de 2022: <https://www.reuters.com/world/europe/sledgehammer-execution-russian-mercenary-who-defected-ukraine-shown-video-2022-11-13/>.
2. «Russia's Wagner Group sends bloodied sledgehammer to EU», *Daily Telegraph*, 24 de noviembre de 2022: <https://www.telegraph.co.uk/world-news/2022/11/24/putins-chef-wagner-group-sledgehammer-eu-response-called-terrorist/>.

portavoz del Ministerio de Asuntos Exteriores, Oleg Ni-
kolenko, escribió en Facebook que los «paquetes san-
grientos» fueron recibidos por las embajadas ucranianas
en Hungría, Países Bajos, Polonia, Croacia e Italia, y
por los consulados en Nápoles (Italia), Cracovia (Polonia) y la ciudad checa de Brno.[1]

No es de extrañar que estos acontecimientos fueran
comentados por los medios de comunicación como prueba de que «el Ejército Privado de Putin se convierte en un
nuevo ISIS»,[2] refiriéndose a la forma en que ISIS ejecuta
públicamente a sus prisioneros (haciéndoles confesar y
luego rebanándoles la garganta con un cuchillo, antes de
publicar grabaciones de vídeo de la terrible experiencia en
internet). Y no es de extrañar que Irán sea ahora un estrecho aliado de Rusia: ambos países avanzan en la misma dirección. Entre los detenidos y ejecutados por participar en
la reciente oleada de protestas iraníes hay cientos de chicas
jóvenes. Irán es uno de los últimos países del mundo en
ejecutar a «delincuentes juveniles», y la edad de responsabilidad penal es de solo nueve años para las niñas, y de quince
para los niños. La ley iraní prohíbe la ejecución de una
menor si es virgen, un obstáculo que, según informan desde Australia, «se ha resuelto en el pasado casando a las chicas con guardias de las prisiones para violarlas la noche
anterior a sus asesinatos, una práctica documentada du-

1. «Russia-Ukraine updates: EU agrees to cap Russian gas pri-
ces», *AlJazeera.com*, 2 de diciembre de 2022: <https://www.aljazeera.
com/news/liveblog/2022/12/2/russia-ukraine-live-blog-shelling-in-
kherson-leaves-three-dead>.
2. «Putin's Private army goes full ISIS with sledgehammer execution video», Yahoo.com, 14 de noviembre de 2022: <https://www.
yahoo.com/video/putin-private-army-goes-full-132201119.html>.

rante décadas por periodistas, familias, activistas e incluso un antiguo dirigente».[1]

Ahora las cosas se están torciendo de verdad: Israel (que se presenta orgullosamente como un país democrático) está cada vez más cerca de ser un país fundamentalista-religioso, no muy diferente de sus vecinos fundamentalistas árabes. Por ejemplo, Itamar Ben-Gvir forma parte del gobierno de Netanyahu como ministro de Seguridad Nacional. Antes de entrar en política, Ben-Gvir era conocido por tener en su salón un retrato del terrorista israelí-estadounidense Baruch Goldstein, que en 1994 masacró a veintinueve devotos musulmanes palestinos e hirió a otros ciento veinte en Hebrón, en lo que se conoció como la masacre de la Tumba de los Patriarcas. Entró en política al unirse al movimiento juvenil del partido Kach, que fue designado organización terrorista e ilegalizado por el gobierno israelí. Cuando cumplió la mayoría de edad para alistarse en las Fuerzas de Defensa de Israel, se le prohibió el servicio debido a sus antecedentes políticos de extrema derecha. En las elecciones legislativas israelíes de 2022, el partido de Ben-Gvir tuvo un éxito sin precedentes, duplicando con creces sus votos respecto a las elecciones de 2021 y convirtiéndose en el tercer partido con más representantes de la vigesimoquinta Knéset.[2] Otra señal de la misma decadencia: durante una entrevista con *The Blaze*, Netanyahu dijo recientemente que

---

1. «In Iran, young girls are forced to marry prison guards. Then executed the next day», *Mamamia*, 14 de noviembre de 2022: <https://www.mamamia.com.au/iran-girls-execution/>.
2. Véase Wikipedia: <https://en.wikipedia.org/wiki/Itamar_Ben-Gvir>.

138

el antisemitismo ha adoptado una nueva forma perniciosa, porque no está de moda decir que eres antisemita. Ni siquiera se dice «soy antiisraelí». Ahora dices: «Soy antisionista. Bueno, no estoy en contra de los judíos, solo que no creo que deban tener un Estado propio». Es como decir: «No soy antiamericano, solo creo que tú no deberías ser americano».[1]

¿No sería una comparación mucho más apropiada: «No soy antipalestino, solo creo que no deberían tener un Estado propio»? Esto nos lleva a la pregunta clave: criticar la ocupación israelí de Cisjordania, ¿es negar el derecho de Israel a existir? Las cosas se ponen aquí mucho más turbias: Netanyahu pidió recientemente que se luchara contra el creciente antisemitismo musulmán y de izquierdas en Europa, horas después de que un informe sobre el antisemitismo publicado por el Ministerio de Asuntos de la Diáspora documentara un aumento mundial de los ataques de extrema derecha contra los judíos durante el año anterior.[2]

¿Por qué ignora Netanyahu el antisemitismo de extrema derecha? Porque confía en él: la nueva derecha occidental es antisemita en su propio país, pero apoya incondicionalmente la existencia del Estado de Israel como barrera contra la invasión musulmana. El antisemitismo sionista es un hecho que debería darnos que pensar.

1. «Netanyahu warns a "pernicious" form of antisemitism more popular today», *Fox News*, 12 de noviembre de 2022: <https://www.foxnews.com/world/netanyahu-warns-pernicious-form-antisemitism-popular-today>.
2. «Netanyahu downplays right-wing anti-Semitism, contradicting Israeli study», *Times of Israel*, 27 de enero de 2019: <https://www.timesofisrael.com/netanyahu-downplays-right-wing-anti-semitism-contradicting-israeli-study/>.

Abundan los casos similares. Por ejemplo, Jarosław Kaczyński, líder del partido gobernante en Polonia, Ley y Justicia, afirmó hace poco que la baja tasa de natalidad de Polonia se debía principalmente a que las mujeres jóvenes beben demasiado alcohol;[1] resulta, pues, que no es por las condiciones socioeconómicas, sino solo porque las mujeres beben. Incluso si la sugerencia de Kaczyński contuviera una pizca de verdad –que, en mi opinión, no contiene–, deberíamos explicar qué presiones sociales empujan a las jóvenes a buscar consuelo en la bebida. Responder echando la culpa a la «ideología LGBT+» es claramente ridículo.

Cuando aún predominaba la democracia liberal «decente», a los izquierdistas radicales les gustaba señalar que solo era una máscara que ocultaba la obscena y violenta verdad. Ahora estoy tentado de decir: «¡Por favor, que vuelva la máscara!».

Por desgracia, todo esto es solo una cara de la historia. Hoy tenemos dos grandes bloques ideológicos opuestos. Los neoconservadores religiosos (desde Putin y Trump hasta Irán) abogan por un retorno a las antiguas tradiciones ortodoxas cristianas (o musulmanas) frente a la decadencia posmoderna «satánica», que generalmente se centra en cuestiones LGBT+ y transgénero; sin embargo, su política real está llena de obscenidad y violencia bárbaras. En el lado opuesto, la izquierda liberal políticamente correcta predica la permisividad hacia todas las formas de identidad sexual y étnica; sin embargo, en su

---

1. «Polish leader blames low birthrate on women using alcohol», *Euronews*, 8 de noviembre de 2022: <https://www.euronews.com/2022/11/08/polish-leader-blames-low-birthrate-on-women-using-alcohol>.

empeño por garantizar esta tolerancia, necesita cada vez más normas —más «cancelación» y regulación—, que introducen una ansiedad y una tensión constantes en este universo permisivo presuntamente feliz. Estas limitaciones son, en cierto sentido, mucho más fuertes que la prohibición paterna —que provoca el deseo de transgredir—, y ayudan poco a la causa de la emancipación genuina: la distraen de ella. No se puede entender la desordenada reacción del Occidente «democrático» a la guerra de Ucrania sin esta lucha ideológica en Occidente, que a veces se acerca a una guerra civil.

La caracterización de Duane Rousselle del movimiento *woke* como «racismo en la época de los muchos sin el Uno» puede parecer problemática, pero da en el blanco: en oposición casi exacta a la postura típica del racista —que lucha contra un intruso extranjero que supone una amenaza para la unidad del Uno (digamos, los inmigrantes y los judíos para nuestra nación)— la postura *woke* reacciona contra aquellos de los que se sospecha que no han abandonado verdaderamente su apego a las viejas formas del Uno (en otras palabras, «patriotas», defensores de los valores patriarcales, eurocentristas...).

En este «nuevo orden mundial», se aceptan todas las orientaciones sexuales con una excepción: los hombres blancos cisgénero, a los que se ordena sentirse culpables por lo que son, por sentirse «cómodos en su piel», mientras que a todos los demás (incluso a las mujeres cis) se les permite ser lo que (sienten que) son. Esta postura es cada vez más perceptible en los extraños sucesos que nos rodean. Tomemos el caso del Gettysburg College, que, despertando una comprensible oleada de críticas, aplazó un acto en 2022 para personas que estaban «hartas de los hombres blancos cis». El acto iba a ser organizado por el

Centro de Recursos sobre Género y Sexualidad de la universidad, y se animaba a «los asistentes a "venir a pintar y escribir acerca de" sus frustraciones con los hombres que se "sienten cómodos en su piel" blanca».[1]

Como era de esperar, muchos acusaron a la universidad de fomentar el racismo. Probablemente también se esperaba que los propios hombres blancos cis participaran en el acto, aunque de forma autocrítica, expresando su incomodidad con respecto a su piel y su culpabilidad con respecto a su orientación sexual.

Es en estos términos como podemos explicar la paradoja de que, en la cultura *woke* y la cultura de la cancelación, la fluidez no binaria coincide con su opuesto. La prestigiosa École normale supérieure de París ha debatido una propuesta para establecer en sus dormitorios comunes pasillos reservados exclusivamente a individuos que hayan elegido la mixidad/diversidad (*mixité choisie*) como su identidad de género, con exclusión de los hombres cisgénero (hombres cuyo sentido de al identidad personal y del género se corresponden con su sexo de nacimiento).[2] Las normas propuestas son estrictas: por ejemplo, a quienes no se ajusten a los criterios no se les permitirá pasar ni siquiera brevemente por estos pasillos. La idea también abre la vía a nuevos límites: si un número suficiente de individuos se identifica en términos más específicos, se les puede reservar un pasillo. Hay que señalar tres caracterís-

1. «Gettysburg College postpones "Tired of white cis men?" event amid backlash», *New York Post*, 14 de noviembre de 2022: <https://nypost.com/2022/11/14/gettysburg-college-postpones-event-for-people-tired-of-white-cis-men/>.

2. Véase <https://framaforms.org/couloirs-en-mixite-choisie-16555 61648>. Debo esta información a Elias Cohen, ENS, Paris.

ticas de esta propuesta: en primer lugar, que solo excluye a los hombres cisgénero, no a las mujeres cisgénero; en segundo lugar, que no se basa en ningún criterio objetivo de clasificación, sino solo en una autodesignación subjetiva; en tercer lugar, que exige nuevas subdivisiones clasificatorias, lo que demuestra que todo el énfasis en la plasticidad, la elección y la diversidad acaba en lo que no se puede sino llamar un nuevo apartheid, una nueva red de identidades fijas. Por eso la postura *woke* ofrece el caso supremo de cómo la permisividad se convierte en prohibición universal: en un régimen políticamente correcto, nunca sabemos si algunos de nosotros seremos cancelados por nuestros actos o palabras, ni cuándo; el criterio es siempre confuso.

Con toda su declarada oposición a las nuevas formas de barbarie, la izquierda *woke* participa plenamente de ella, promoviendo y practicando un discurso plano y sin ironía. Aunque defiende el pluralismo y promueve la diferencia, su posición subjetiva de enunciación —el lugar desde el que habla— es extremadamente autoritaria, permitiendo un debate muy limitado e imponiendo exclusiones que a menudo se basan en premisas arbitrarias. Sin embargo, en todo este embrollo, siempre debemos tener en cuenta que el *wokeísmo* y la cultura de la cancelación se limitan *de facto* al estrecho mundo de la academia (y, hasta cierto punto, a algunas profesiones intelectuales como el periodismo), mientras que la sociedad en general se mueve en la dirección opuesta. La cultura de la cancelación, con su paranoia implícita, es un intento desesperado (y obviamente ineficaz) de compensar los problemas y tragedias reales a los que se enfrentan las personas LGBT+, la violencia y la exclusión a las que están sometidas permanentemente. La respuesta a esta violencia no puede consistir en replegarse a una fortaleza cultural, un seudo «espacio seguro» cuyo fanatismo discursivo deja intacta e incluso refuerza la resistencia de la mayoría contra ella.

Contrariamente a quienes afirman que el *wokeísmo* está retrocediendo en la vida académica y cultural, creo que más bien se está «normalizando» de forma gradual, siendo ampliamente aceptado incluso por quienes en privado dudan de sus principios, y practicado por la mayoría de las instituciones educativas y estatales. Por eso merece más que nunca nuestra crítica, como también la merecen sus opuestos: la obscenidad del nuevo populismo y el fundamentalismo religioso.

En su peor versión, la cultura de la cancelación tiene un tono claramente fundamentalista: algo concreto que hayas hecho o dicho puede ser elevado inesperadamente al estatus universal de error imperdonable. Esto significa que un caso concreto (una expresión que has utilizado, por ejemplo) no se condena porque no encaje en una regla universal clara, sino porque se le da un nuevo giro a la propia universalidad. No es de extrañar, pues, que a los obscenos populistas de derechas les guste provocar a los activistas de lo políticamente correcto: que disfruten con su estatus de objeto privilegiado de lo que Lacan llamaba *odioenamoramiento*, un objeto que a los demás les encanta odiar. He observado la misma postura al hablar con mis conocidos serbios: a muchos de ellos les gusta quejarse de que todo el mundo los odia, percibiéndolos como responsables del atroz crimen de Srebrenica y de la «limpieza étnica». Pero ¿es realmente así? Creo que este sentimiento de ser tratado como un paria es un movimiento defensivo: la realidad es que ahora, con todos los demás problemas en los que estamos inmersos, la gente de todo el mundo es cada vez más

144

indiferente hacia Serbia (y hacia los populistas de derechas en general); no les importan los serbios, así que lo que hay detrás de la queja de los serbios es más bien un deseo desesperado de seguir siendo el centro de atención, incluso como objeto de odio: mejor el odio que la indiferencia. En otras palabras, lo que realmente echan de menos los serbios es que ya no son el fascinante objeto de *odioenamoramiento*.

CONTRA LOS FALSOS DESPERTARES

Lo realmente triste es que encontramos en el movimiento *woke* numerosas huellas de cómo se ocultan los antagonismos inmanentes de la vida social: y esto, como era de esperar, es lo que genera la necesidad de un enemigo. Pensemos en las discusiones actuales en torno al uso del pronombre «ellos»,* que supone mucho más que cambios en el uso cotidiano del lenguaje: implica una nueva visión de la universalidad de los seres humanos. En febrero de 2023, la Universidad de Kent ofreció a sus estudiantes y personal unas directrices sobre los pronombres: todos deben llamarse «ellos» hasta que se conozcan sus pronombres. La institución afirma que se trata de directrices, no de políticas, y que están ahí como un recurso útil y una herramienta de apoyo que les ayudará a crear «una auténtica cultura de la inclusión» en la institución.[1] El primer con-

---

* Actualmente, en inglés, se aplica (o uno pide que le apliquen) el pronombre «ellos» (*they*) cuando no quiere definirse (o que le definan) por su género. *(N. del T.)*
1. Véase «University sparks language row as it advises students to refer to each other as "they"», *MailOnline*, 24 de febrero de 2023:

traargumento adecuado a este razonamiento, ofrecido por un comentarista en un foro en línea, es el siguiente:

> No hay nada de malo en incluir el pronombre «ellos» como opción. Sin embargo, hay algo sin duda erróneo en hacer que sea la ÚNICA opción [principal]. Incluir simplemente «ellos» como opción estaría bien, pero EXCLUIR los pronombres tradicionales [como opción principal] no lo está. La mayoría de las personas trans prefieren los pronombres propios de su género, por lo que imponer el neutro a todo el mundo, aunque está bien para las personas no binarias, no es inclusivo para la mayoría de las personas trans o cisgénero. La mayoría de las mujeres trans utilizarán el pronombre femenino (ella) y la mayoría de los hombres trans utilizarán el pronombre masculino (él).[1]

Se consigue así una «auténtica cultura de la inclusión» que convierte en secundarios, subordinados, los pronombres utilizados por una gran mayoría de personas. Las implicaciones del cambio propuesto son mucho más radicales de lo que parece: «ellos» como género neutro no es ahora solo una opción, sino un terreno neutral universal para todos los seres humanos, por lo que ya no se trata solo de pluralizar posiciones, sino de imponer una nueva universalidad; todos somos «ellos», y algunos pueden elegir además «él» o «ella». ¿Por qué no aceptar esta solución? Lo que se pierde es la di-

---

<https://www.dailymail.co.uk/news/article-11784439/Kent-University-s parks-woke-language-row-advice-refer-people-pronouns-unknown.html>.

1. «Cambridge don in trans row after boycotting gender-critical speaker», *The Daily Telegraph*, 21 de octubre 2022: <https://www.tele graph.co.uk/news/2022/10/21/cambridge-don-trans-row-boycott ing-gender-critical-speaker/>.

ferencia sexual en sí misma, no como un orden binario, sino como un antagonismo que atraviesa la humanidad. No hay «humanos» como tales, esta universalidad está constitutivamente atravesada por un antagonismo, un fracaso, y con «ellos» como punto de partida, obtenemos de nuevo un universalismo plano... y, como era de esperar, este universalismo plano también necesita un enemigo: a los que no están de acuerdo con él también se les proclama rápidamente prohomófobos, reaccionarios, o lo que sea.

Las consecuencias de una postura tan reduccionista son cada vez más palpables. Tomemos este ejemplo reciente de Escocia. En diciembre de 2022, el gobierno de Sturgeon saludó como «día histórico para la igualdad» la sesión en que los diputados aprobaron nuevos planes para facilitar y conseguir que fuera menos intrusivo el cambio legal de género, ampliando el nuevo sistema de autoidentificación a los jóvenes de dieciséis y diecisiete años. Un problema (esperado) surgió cuando una mujer transgénero, Isla Bryson, fue enviada a una prisión de mujeres en Stirling tras ser condenada por violaciones que había cometido antes de su transición. Bryson se declaró transgénero solo después de comparecer ante el tribunal acusada de violación. El problema está claro: si la masculinidad y la feminidad no tienen nada que ver con el cuerpo y sí con la definición de uno mismo, entonces hay que encarcelar a una mujer trans condenada por violación con mujeres cis. Tras una oleada de protestas, Bryson fue encarcelada en una prisión masculina, pero, de nuevo, nos enfrentamos a una cuestión problemática, pues tenemos a una mujer en una prisión masculina.[1]

---

1. Véase «Transgender rapist Isla Bryson moved to men's prison», *BBC News*, 26 de enero de 2024: <https://www.bbc.co.uk/news/uk-scotland-64413242>.

La cuestión es que no existe una solución fácil, porque la identidad sexual no es en sí misma una forma sencilla de identidad, sino una noción compleja llena de incoherencias, tensiones y rasgos inconscientes, y no se trata tan solo de circunstancias de la vida psíquica interior, sino que estas están imbricadas en antagonismos que atraviesan todo el cuerpo social. En nuestro espacio ideológico oficial, el *wokeísmo* y el fundamentalismo religioso conservador aparecen como opuestos incompatibles, pero ¿lo son realmente? Hace casi una década, una exmusulmana kurda, Maryam Namazie, fue invitada por el Goldsmiths College de Londres a dar una charla sobre el tema «Apostasía, blasfemia y libertad de expresión en la era del ISIS»; su charla –que se centraba en la opresión de las mujeres– fue interrumpida en repetidas ocasiones por estudiantes musulmanes, así como, irónicamente, por la Sociedad Feminista de la universidad, que se alineó formalmente con la ISOC, la Sociedad Islámica de Goldsmiths.[1]

En la actualidad, la guerra de Ucrania ofrece otro ejemplo impresionante de una alianza igualmente sorprendente: cuando Sahra Wagenknecht, la representante más popular de Die Linke, el partido de izquierdas alemán, organizó y habló en una manifestación por la paz en Dresde en febrero de 2023, pidiendo el fin del envío de armas a Ucrania, Björn Höcke (uno de los principales miembros de la ultraderechista Alternativa para Alemania presentes

---

1. «Muslim students from Goldsmiths University's Islamic Society "heckle and aggressively interrupt" Maryam Namazie talk», *The Independent*, 4 de diciembre de 2015: <https://www.independent.co.uk/student/news/muslim-students-from-goldsmiths-university-s-islamic-society-heckle-and-aggressively-interrupt-maryam-namazie-talk-a6760306.html>.

en el encuentro) le gritó: «*Ich bitte Sie, kommen Sie zu uns!*» («¡Por favor, venga con nosotros!»), invitándola a cambiar de partido, y el público le aplaudió.[1] La extrema derecha invita a la extrema izquierda a unir fuerzas en nombre de la soberanía nacional alemana...

En el caso de Namazie, la inesperada solidaridad entre las sociedades feminista e islámica es un recordatorio contundente de lo parecidos que son, en su forma, ambos discursos: el *wokeísmo* funciona *de facto* como un dogma religioso secularizado, con todas las contradicciones que esto implica. John McWhorter ha enumerado algunas de ellas: «Siempre has de esforzarte por comprender las experiencias de los negros», pero «Nunca podrás comprender lo que es ser negro, y si crees que lo haces, eres un racista»; «Muestra interés por el multiculturalismo», pero «No cometas ninguna apropiación cultural. Lo que no pertenece a tu cultura no es para ti, y no puedes hacerlo ni intentarlo».[2] Esto puede parecer una exageración, pero el informe de Vincent Lloyd sobre su encuentro con lo peor del movimiento *woke* demuestra que no lo es. El ensayo de Lloyd debería ser de lectura obligatoria para todo aquel que dude del potencial represivo del *wokeísmo*, y merece la pena citarlo *in extenso*. Sus credenciales son impecables: profesor negro y director del Centro de Teología Política de la Universidad Villanova, dirige el programa de Estudios Afroamericanos de su universidad, es tutor de talleres

1. Véase «Höcke schlägt Wagenknecht Wechsel in die AfD vor», *Welt*, 26 de febrero de 2023: <https://www.welt.de/politik/deutschland/article243979899/Sahra-Wagenknecht-Hoecke-schlaegt-Wechsel-in-die-AfD-vor.html>.
2. Véase John McWhorter, *Woke Racism: How a New Religion Has Betrayed Black America*, Nueva York, Portfolio, 2021.

contra el racismo y a favor de la justicia transformadora, y publica libros sobre el racismo contra los negros y la abolición de las prisiones (como su clásico *Black Dignity: The Struggle against Domination*).

En el verano de 2022, la Asociación Telluride pidió a Lloyd que dirigiera un seminario de seis semanas sobre «La raza y los límites del derecho en Estados Unidos», al que debían asistir doce jóvenes de diecisiete años cuidadosamente seleccionados. Cuatro semanas después, el número de asistentes se redujo en dos (la semana anterior, los estudiantes habían expulsado mediante votación a dos compañeros), y después lo expulsaron a él del seminario por un voto. En su última clase

> cada estudiante leyó una declaración escrita en la que se afirmaba que el seminario perpetuaba la violencia contra los negros en su contenido y forma, que se había perjudicado a los estudiantes negros, que yo era culpable de innumerables microagresiones, incluso a través de mi lenguaje corporal, y que los estudiantes no se sentían seguros porque yo no corregía inmediatamente las opiniones que no trataban la antinegritud como la causa de todos los males del mundo.[1]

Lloyd sitúa el origen de la tendencia que culminó en este acontecimiento en «aquel momento de la década de 1970 en que las organizaciones de izquierda implosionaron, y la necesidad de competir en activismo con los propios camaradas condujo a una cultura tóxica llena de dog-

---

1. Vincent Lloyd, «A Black professor trapped in anti-racist hell», *Compact*, 10 de febrero de 2023: <https://compactmag.com/arti cle/a-black-professor-trapped-in-anti-racist-hell>.

matismo y desilusión». Sus críticos se apoyaron en una serie de dogmas, entre ellos: «No existe una jerarquía de opresiones, salvo la opresión contra los negros, que constituye una clase aparte. Confía en las mujeres negras. La cárcel nunca es la solución. Todos los no negros, y muchos negros, son culpables de antinegritud».

Pero más crucial que el contenido era el conflicto de formas entre el seminario y el taller. Lloyd intentó que los encuentros funcionaran como seminario, un intercambio de opiniones: una intervención se basa en otra, ya que un estudiante se da cuenta de lo que otro ha pasado por alto, y el profesor guía la discusión hacia las cuestiones más importantes. Los seminarios suelen centrarse en un texto clásico o público, y los participantes intentan descubrir pacientemente su significado. Sin embargo, como señala Lloyd, «si el seminario es *slow food*, el taller antirracista organizado por los estudiantes universitarios es un subidón de azúcar. Todos los hashtags están ahí, condensados, empaquetados y presentados desde un lugar de autoridad. El peor tipo de taller antirracista simplemente ofrece un nuevo lenguaje para que los participantes se hagan eco, para retuitear en voz alta». El dogma queda claramente establecido, y el intercambio se centra en cómo y cuándo alguien lo ha violado a sabiendas o sin saberlo. Como señaló Alenka Zupančič, el universo de los talleres políticamente correctos es el universo del *Jasager* (El que dice sí) de Brecht: todo el mundo dice sí una y otra vez, y el principal argumento contra quienes no son aceptados como luchadores sinceros es el «daño»:

> Este lenguaje, y el marco que expresa, proceden del movimiento abolicionista de las prisiones. En lugar de vincular delitos y castigos, los abolicionistas nos animan

a pensar en los daños y en cómo repararlos, a menudo invitando a una amplia comunidad a discernir el impacto de los daños, las razones por las que se han producido y los caminos a seguir. En el lenguaje del taller antirracista, te causa daño cualquier cosa que no te hace sentir bien.

Este es el ejemplo de Lloyd de cómo funciona la referencia al «daño»:

> Durante nuestro debate sobre el encarcelamiento, un estudiante asiático-americano citó los datos demográficos de los reclusos federales: alrededor del 60 % de los encarcelados son blancos. Los estudiantes negros dijeron que se sentían perjudicados. Habían descubierto, en uno de sus talleres, que los hechos objetivos son una herramienta de la supremacía blanca. Fuera del seminario, me dijeron, los estudiantes negros tuvieron que dedicar mucho tiempo a reparar el daño que les había infligido escuchar estadísticas penitenciarias que no se referían a los negros. Pocos días después, el estudiante asiático-americano fue expulsado del programa.

Dos cosas deberían sorprendernos de esta historia. En primer lugar, que esta nueva secta combina el dogma objetivado con la plena confianza en cómo se siente uno (aunque solo los estudiantes negros oprimidos tenían derecho a referirse a sus sentimientos como medida de la culpabilidad del racista). No hay lugar para la confrontación crítica de argumentos, ya que se da a entender que el «debate abierto» es una idea racista de la supremacía blanca. «Los hechos objetivos son una herramienta de la supremacía blanca»; sí, de lo que se deduce, como solían decir

154

los trumpistas, que tenemos que generar «hechos alternativos»... Para ser claros: hay una pizca de verdad en esta postura. Quienes están brutalmente oprimidos no suelen tener tiempo para entregarse a la reflexión profunda y al debate bien elaborado que pondrían de manifiesto la falsedad y las carencias de la ideología liberal-humanista. Pero en este caso (como en la mayoría de los demás), quienes se han apropiado del papel de los líderes de la revuelta no son precisamente las víctimas de la opresión racista, sino una minoría relativamente privilegiada de una minoría, que participa en un taller de primer nivel ofrecido por una universidad de élite.

En segundo lugar, siempre encontramos un misterio en el funcionamiento del gran Otro (la autoridad administrativa de Telluride, en este caso). El punto de vista impuesto gradualmente a todos los participantes era el de una minoría (al principio, incluso una minoría entre los participantes negros). Pero ¿cómo y por qué estos pocos consiguieron obligar no solo a sus compañeros de clase, sino también a las autoridades de Telluride, a ponerse de su parte y negarse a defender a Lloyd? ¿Por qué no asumieron una postura más matizada? En términos más generales, ¿por qué el movimiento *woke*, a pesar de ser un punto de vista minoritario, consigue neutralizar el espacio liberal e izquierdista más amplio, instalando en él el miedo a la oposición crítica? El psicoanálisis tiene una respuesta clara a esta paradoja: el concepto de *superego*. El superego es un instrumento cruel e insaciable que me bombardea con demandas imposibles y que se burla de mis intentos fallidos de satisfacerlas. Es una instancia ante la que soy tanto más culpable cuanto más intento reprimir mis afanes «pecaminosos» y satisfacer sus exigencias. El viejo y cínico lema estalinista sobre los acusados que profesaban su inocencia en los juicios amañados («cuanto más inocentes son, más merecen ser fusilados») es el superego en estado puro. ¿Y no reprodujo McWhorter en el pasaje citado la estructura exacta de la paradoja del superego? «Siempre has de esforzarte por comprender las experiencias de los negros / Nunca podrás comprender lo que es ser negro, y si crees que lo haces, eres un racista». En resumen, debes, pero no puedes porque no deberías: el mayor pecado es hacer aquello que deberías esforzarte en hacer... Esta enrevesada estructura de un mandato que se cumple cuando no lo cumplimos explica la paradoja del superego señalada por Freud: cuanto más obedecemos al superego, más culpables nos sentimos.

Una serie de situaciones que caracterizan a la sociedad actual ejemplifican a la perfección este tipo de presión del superego, este interminable autoexamen: ¿fue la forma en que miré a la azafata demasiado intrusiva y sexualmente ofensiva? ¿He utilizado alguna palabra con un posible matiz sexista? Y así sucesivamente. El placer, incluso la emoción, que proporciona este autoexamen es evidente. ¿Y no ocurre lo mismo incluso con el miedo patológico de algunos izquierdistas liberales occidentales a ser culpables de islamofobia? Cualquier crítica al islam es denunciada como expresión de islamofobia occidental, Salman Rushdie es denunciado por provocar innecesariamente a los musulmanes y por tanto (parcialmente, al menos) responsable de la *fatwa* que lo condenó a muerte, etcétera. El resultado es el que cabe esperar en estos casos: cuanto más practican el examen de conciencia los izquierdistas liberales occidentales, más son acusados por los fundamentalistas musulmanes de ser unos hipócritas que intentan ocultar su odio al islam. Esta constelación de nuevo reproduce a la perfección la paradoja del superego: cuanto más obedeces lo que te exige el Otro, más culpable eres. Es como si cuanto más toleres el islam, más fuerte será su presión sobre ti...[1]

Esta estructura del superego explica cómo y por qué, en el caso Telluride, tanto la mayoría como el gran Otro institucional fueron aterrorizados por la minoría *woke*. Todos ellos se vieron expuestos a una presión del superego que dista mucho de ser una auténtica invitación a la justicia. En un escenario así, los estudiantes son plenamente conscientes de que no conseguirán su objetivo declarado de disminuir (como mínimo) la opresión de los negros, y es probable que a cierto nivel *ni siquiera lo deseen*; lo que realmente quieren es lo que *están* consiguiendo: una posición de autoridad moral desde la que imponerse a los demás sin cambiar efectivamente las relaciones sociales de dominación. La situación de los demás es más compleja, pero sigue estando clara: se someten a las exigencias discursivas del movimiento *woke* porque casi todos ellos son realmente culpables de participar en la dominación social, pero abonarse a ciertas formas de hablar y pensar les ofrece una salida fácil: asumes gustosamente tu culpa en la medida en que esto te permite seguir viviendo como antes. Es la vieja lógica protestante de «haz lo que quieras, pero siéntete culpable por ello».

La lección que se desprende de estos cuatro ejemplos es, por tanto, clara: el movimiento *woke* representa exactamente lo contrario de su significado literal en inglés, que es «despierto, consciente». En *La interpretación de los sue-*

---

1. Retomo aquí la argumentación del capítulo 3 de mi libro *Surplus-Enjoyment*, Londres, Bloomsbury Press, 2022. [Ed. esp.: *El plus de goce: Guía para los no perplejos*. Trad. de Fernando Borrajo. Barcelona, Paidós, 2024.]

ños, Freud relata el sueño de un padre que se queda dormido mientras vela el ataúd de su hijo; en su sueño, se le aparece su hijo muerto, pronunciando la terrible súplica «Padre, ¿no ves que me estoy quemando?». Cuando el padre despierta, descubre que la tela del ataúd de su hijo se quema porque una de las velas encendidas se ha caído. ¿Por qué se despierta el padre?

¿Fue porque el olor del humo era demasiado fuerte y ya no era posible prolongar el sueño incluyéndolo en el sueño? Lacan propone una lectura mucho más interesante:

Si la función del sueño es permitir que se siga durmiendo, si el sueño, después de todo, puede acercarse tanto a la realidad que lo provoca, ¿no podemos acaso decir que se podría responder a esta realidad sin dejar de dormir? —al fin y al cabo, existen actividades sonámbulas—. La pregunta que cabe hacer, y que por lo demás todas las indicaciones anteriores de Freud nos permiten formular aquí, es: —¿*Qué despierta*? ¿No es, acaso, en el sueño otra realidad? Esa realidad que Freud nos describe así: *Das Kind an seinem Bette steht*, que el niño está al lado de su cama, *ihn am Arme fasst*, lo toma por un brazo, y le murmura con tono de reproche, *und ihm vorwurfsvoll zuraunt: Vater, siehst du denn nicht*, Padre, ¿acaso no ves, *das Ich verbrenne*, que ardo? Este mensaje tiene, de veras, más realidad que el ruido con el cual el padre identifica asimismo la extraña realidad de lo que está pasando en la habitación de al lado, ¿acaso no pasa por estas palabras la realidad fallida que causó la muerte del niño?[1]

1. Jacques Lacan, The *Four Fundamental Concepts of Psycho-Analysis*, Harmondsworth, Penguin Books, 1979, pp. 57-58. [Ci-

Así que no fue la intrusión de la señal de la realidad externa lo que despertó al desafortunado padre, sino el carácter insoportablemente traumático de lo que encontró en el sueño. En la medida en que «soñar» significa fantasear para evitar enfrentarse a lo Real, el padre se despertó literalmente para poder seguir soñando. El escenario era el siguiente: cuando su sueño se vio perturbado por el humo, el padre construyó rápidamente un sueño que incorporaba el elemento perturbador (humo, fuego) para poder seguir durmiendo; sin embargo, lo que encontró en el sueño fue un trauma (su responsabilidad por la muerte del hijo) mucho más fuerte que la realidad, así que despertó a la realidad para evitar lo Real... Y ocurre exactamente lo mismo con gran parte del actual movimiento *woke*: nos despiertan (a los horrores del racismo y el sexismo) precisamente para permitirnos seguir durmiendo, es decir, ignorando las verdaderas raíces y la profundidad del trauma racial y sexual.

La paradoja, en este caso, es que este sueño no es una retirada pasiva de la realidad: funciona como una actividad frenética. ¿Cómo entenderlo? En el mercado actual, encontramos toda una serie de productos desprovistos de su propiedad maligna: café sin cafeína, nata sin grasa, cerveza sin alcohol. Y la lista continúa: el sexo virtual como sexo sin sexo, el arte de la administración experta como política sin política, hasta el actual multiculturalismo liberal tolerante como experiencia del otro privada de su inquietante Otredad. Deberíamos añadir a esta lista otra figura clave de nuestro espacio cultural: un *manifestante descafeinado*,

tado por *El seminario 11: Los cuatro conceptos fundamentales del psicoanálisis*. Trad. de Juan Luis Delmont-Mauri y Julieta Sucre. Buenos Aires, Paidós Argentina, 1999, p. 66.]

un manifestante «despierto» (*woke*) durmiente que dice todas las cosas correctas, pero que de alguna manera las priva de su sesgo crítico. Está horrorizado por el calentamiento global y por la guerra en Ucrania, lucha contra el sexismo y el racismo, exige un cambio social radical, y todo el mundo está invitado a unirse, a participar en el gran sentimiento de solidaridad global, lo que significa: no se te exige que cambies tu vida (quizá basta que dones a una organización benéfica aquí y allá), puedes seguir con tu carrera, eres despiadadamente competitivo, pero estás en el lado correcto... Parafraseando el título del libro de Ben Burgis,[1] los agentes de la cultura de la cancelación son «comediantes mientras el mundo arde»: lejos de ser «demasiado radicales», su imposición de nuevas reglas es un caso ejemplar de pseudoactividad, de cómo *asegurarse de que nada cambie realmente fingiendo actuar de manera frenética.*

Para resistir las tentaciones de la cultura *woke*, todo auténtico izquierdista debería colgar en la pared, encima de su cama o su mesa, el párrafo inicial de *El alma del hombre bajo el socialismo*, de Oscar Wilde, en el que señala que «es mucho más fácil simpatizar con el sufrimiento que simpatizar con el pensamiento»: La gente

> se encuentra rodeada de una pobreza espantosa, de una fealdad espantosa, de un hambre espantosa. Es inevitable que se sientan fuertemente conmovidos por todo esto. Las emociones del ser humano son mucho más fáciles de estimular que la inteligencia, y, como ya indiqué hace tiempo en un artículo sobre la función de la crítica,

1. Ben Burgis, *Canceling Comedians While the World Burns: A Critique of the Contemporary Left*, Londres, Zero Books, 2021.

es más cómodo simpatizar con el sufrimiento que con el pensamiento. En consecuencia, y con intenciones admirables, aunque mal dirigidas, de manera muy seria y sentimental la gente se lanza a la tarea de remediar los males que ve. Pero sus remedios no curan la enfermedad, sino que la prolongan. De hecho, sus remedios son parte de la enfermedad [...] Lo que se debe hacer es tratar de reconstruir la sociedad sobre una base tal que la pobreza sea imposible. Y las virtudes altruistas han impedido realmente la realización de este objetivo. Es inmoral utilizar la propiedad privada para aliviar los horribles males que resultan de la institución de la propiedad privada.

La última frase ofrece una fórmula concisa de lo que está mal en el enfoque panhumanitario, tal como lo personifica la Fundación Bill y Melinda Gates. No basta con señalar que la organización benéfica de los Gates se basa en prácticas empresariales brutales: hay que ir un paso más allá y denunciar sus fundamentos ideológicos. El título de la colección de ensayos de Sama Naami, *Negar el respeto: Por qué no debemos respetar las culturas extranjeras. Incluidas las nuestras*,[1] da en el clavo: esta es la única postura auténtica. La organizción benéfica de los Gates implica la siguiente variante de la fórmula de Naami: respeta todas las culturas, la tuya y las ajenas. La versión nacionalista de derechas es: respeta tu propia cultura y desprecia las demás, que son inferiores a ella. La fórmula políticamente correcta es: respeta otras culturas, pero des-

---

1. Sama Naami, *Respektverweigerung: Warum wir fremde Kulturen nicht respektieren sollten. Und die eigene auch nicht*, Klagenfurt, Drava Verlag, 2015.

precia la tuya, que es racista y colonialista (por eso la cultura *woke* políticamente correcta es siempre antieurocéntrica). La postura correcta de la izquierda es: saca a la luz los antagonismos ocultos de tu propia cultura, vincúlalos con los antagonismos de otras culturas, y luego emprende una lucha común entre los que aquí luchan contra la opresión y la dominación que actúan en nuestra propia cultura y los que hacen lo mismo en otras culturas de todo el mundo. Las palabras de Lilla Watson, una activista aborigen australiana del pueblo murri, dirigidas a un liberal blanco rico y compasivo, lo dicen todo: «Si has venido aquí para ayudarme, no pierdas el tiempo. Pero si has venido porque tu liberación está ligada a la mía, entonces ven, unámonos en la lucha».[1]

Lo que esto significa es algo que puede sonar chocante, pero vale la pena insistir en ello: no hay que respetar ni querer a los inmigrantes; lo que hay que hacer es cambiar la situación para que, en primer lugar, no tengan que ser inmigrantes. El ciudadano de un país desarrollado que quiere reducir los niveles de inmigración, y está dispuesto a hacer algo para que los inmigrantes no tengan que ir a un país que en su mayor parte ni siquiera les gusta, es mucho mejor que un humanitario que predica la apertura a los inmigrantes mientras participa silenciosamente en las prácticas económicas y políticas que han llevado a la ruina a los países de los que proceden los inmigrantes. El problema de las actuales guerras culturales es que *ambos* bandos ignoran esta necesidad de cambiar la situación básica, por lo que no debería sorprendernos que la reticencia de la nueva derecha estadounidense y euro-

---

1. Véase Wikipedia: <https://en.wikipedia.org/wiki/Lilla_Watson>.

pea (así como de parte de la izquierda) a apoyar a Ucrania se haga claramente eco de la postura rusa: están en el mismo bando en las guerras culturales globales.

RUSIA Y NUESTRAS GUERRAS CULTURALES

A los pocos meses de la guerra ruso-ucraniana, Jordan Peterson apareció inevitablemente en algunos podcasts para comentarla. Aunque estoy en total desacuerdo con su análisis, creo que estableció un vínculo correcto, como indica el título de uno de sus vídeos de YouTube: «Rusia contra Ucrania, o la guerra civil en Occidente».[1] Por guerra civil en Occidente se refiere, por supuesto, a las llamadas guerras culturales, el actual conflicto entre la corriente liberal que apoya la corrección política y la nueva derecha populista; entonces, ¿cómo relaciona esto con la guerra de Ucrania?

Aunque su primer movimiento es condenar enérgicamente la invasión rusa, la postura de Peterson se transforma gradualmente en una especie de defensa metafísica de Rusia. Tras enumerar algunos datos cuidadosamente seleccionados (los ucranianos restringieron algunos derechos básicos de la minoría rusa, Rusia construye nuevas iglesias, probablemente la religiosidad de Putin es sincera...) se

1. Véase «Russia Vs. Ukraine or civil war In the West?»: <https://www.youtube.com/watch?v=JxdHm2dmvKE>.

centra en lo que él considera una «serie de provocaciones de Estados Unidos que llevaron a Rusia a lanzar su guerra contra Ucrania».

Tras estos pasos preparatorios, Peterson pasa a su propio tema «espiritual», recurriendo a su arma más poderosa: el ataque de Dostoievski a Europa Occidental por su individualismo hedonista, en contraposición a la espiritualidad colectiva rusa. Como era de esperar, Peterson hace suya la calificación que aplican los rusos a la civilización liberal occidental actual: «degenerada». El posmodernismo es una transformación del marxismo,[1] su objetivo es destruir los cimientos de la civilización cristiana, por lo que la guerra de Ucrania es la guerra de los valores cristianos ortodoxos tradicionales contra una nueva forma de degeneración comunista.

La cuestión que se plantea aquí es: ¿qué fuerza política occidental respalda también esta visión rusa de la situación? La respuesta es obvia: la así llamada revuelta cristiana, que se hizo evidente de manera inequívoca por primera vez el 6 de enero de 2021. Según la CNN, esta insurrección «marcó la primera vez que muchos estadounidenses se dieron cuenta de que Estados Unidos se enfrenta a un floreciente movimiento nacionalista cristiano blanco. Este movimiento utiliza el lenguaje cristiano para encubrir el sexismo y la hostilidad hacia los negros y los inmigrantes no blancos en su afán por crear una América cristiana blanca».[2]

1. Véase «Postmodernism is a transformation of Marxism»: <https://www.youtube.com/watch?v=0Hu_RxxsOVA>.
2. Véase «An "imposter Christianity" is threatening American democracy», *CNN.com*, 24 de julio de 2022: <https://edition.cnn.com/2022/07/24/us/white-christian-nationalism-blake-cec/index.html>.

En la visión nacionalista cristiana, la nación estadounidense está dividida entre «verdaderos estadounidenses» y otros ciudadanos que no merecen los mismos derechos: esta fue la idea que se utilizó para «impulsar, justificar e intensificar» el ataque contra el Capitolio de Estados Unidos, según un informe elaborado por un equipo de clérigos, académicos y abogados. En una encuesta realizada en 2020 por el Public Religion Research Institute, los cristianos evangélicos blancos eran el grupo más proclive a aceptar la afirmación de que «los verdaderos patriotas estadounidenses podrían tener que recurrir a la violencia para salvar al país». Pero esta postura no es tan marginal como podría pensarse: «Las creencias nacionalistas cristianas blancas se han infiltrado de forma tan profunda en la corriente religiosa dominante que prácticamente cualquier pastor cristiano conservador que intente desafiar su ideología arriesga su carrera», según la historiadora estadounidense Kristin Kobes Du Mez. Esta postura no se limita solo a Estados Unidos: Viktor Orbán, amigo de Peterson, ha «arremetido en repetidas ocasiones contra la "mezcla" de razas europeas y no europeas», como afirma *The Guardian*.[1] En julio de 2022, pronunció un discurso que provocó inmediatamente la indignación de los partidos de la oposición y de políticos de toda Europa:

«Nosotros [los húngaros] no somos una raza mixta... y no queremos convertirnos en una raza mixta»,

1. «Viktor Orbán sparks outrage with attack on "race mixing" in Europe», *The Guardian*, 24 de julio 2022: <https://www.theguardian.com/world/2022/jul/24/viktor-orban-against-race-mixing-europe-hungary>.

dijo Orbán. Añadió que los países donde se mezclan europeos y no europeos «ya no eran naciones».[1]

Uno no puede dejar de notar la ironía del hecho de que los húngaros de hoy sean ellos mismos una raza mixta, el resultado de una mezcla de hunos, intrusos de Siberia occidental, con las poblaciones locales. En la Edad Media, Atila –aún hoy un nombre húngaro común– también era llamado «el azote de Dios», un epíteto para cualquier desastre que afligiera a una nación a causa del pecado. Así que aquí estamos hoy, con Orbán interpretando a un nuevo Atila que castiga a los europeos liberales por sus pecados... No es de extrañar que, en la guerra ucraniana en curso, Orbán se incline hacia Rusia, mientras que Kaczyński, que comparte la misma opinión básica, esté resueltamente en contra de Rusia. Pero esto solo demuestra que estamos tratando con una amplia coalición más fuerte que algunas divisiones. Quién sabe, puede que al final incluso Ucrania se una a este bloque reaccionario.

El hecho de que, tras evidentes y dolorosas vacilaciones, Peterson adopte esta postura prorrusa, es significativo como indicio de las tendencias globales actuales. Teniendo en cuenta su postura ética básica, Peterson podría haber adoptado fácilmente la posición contraria: ¿no es la tibia respuesta de muchos europeos a la guerra una prueba, precisamente, de que Europa prefiere una idea difusa de los derechos humanos sin compromisos firmes, de que la única «ética» que es capaz de practicar es la ética de la autovictimización, de dudar del propio derecho a actuar? ¿No sería una respuesta firme y unida a la agresión rusa un caso ejemplar de la postura que Peterson defiende en

1. «Viktor Orbán sparks outrage...», cit.

su crítica a la «degeneración» occidental? Pero esto iría contra la corriente de opinión. Los legisladores del Partido Republicano que se oponen al apoyo a Ucrania son cada vez más contundentes; ellos, según la pagina web política estadounidense *The Hill*, «no quieren enviar dinero al extranjero cuando se puede utilizar en Estados Unidos para fortificar la frontera sur e invertir en la producción nacional de energía», entre otros temas.[1]

J. D. Vance, senador por Ohio apoyado por Trump, criticó a Ucrania por ser una «nación corrupta dirigida por oligarcas», y, aunque condenó la invasión rusa, también calificó de «insultante y estratégicamente estúpido dedicar miles de millones de dólares en recursos a Ucrania mientras se ignoran los problemas de nuestro propio país». Kevin McCarthy, presidente de la Cámara de Representantes, prometió que los republicanos no extenderían un «cheque en blanco» a Ucrania.[2]

Así que deberíamos aceptar la premisa básica de Peterson: el ataque ruso a Ucrania y la revuelta de la derecha alternativa en Estados Unidos son dos ramas del mismo movimiento global. ¿Significa esto que, por lo tanto, debemos apoyar al bando opuesto? Aquí las cosas se complican. Es cierto que si la «revuelta cristiana» occidental y la postura antieuropea rusa se unen en una sola, nos enfrentaremos a una catástrofe sociopolítica global con implicaciones inimaginables. Sin embargo, estamos ante un anta-

1. «GOP civil war on Ukraine builds between MAGA, Reagan Republicans», *The Hill*, 26 de julio 2022: <https://news.yahoo.com/news/gop-civil-war-ukraine-builds-092040546.html>.

2. Ibíd. Véase también «Rightwing Republicans rail against US aid for Ukraine: "We've done enough"», *The Guardian*, 4 de marzo de 2023: <https://www.theguardian.com/us-news/2023/mar/04/cpac-rightwing-republicans-ukraine-support-marjorie-taylor-greene>.

gonismo conocido: lo que Peterson ataca es la consecuencia última del propio capitalismo global. Como escribieron Marx y Engels hace más de ciento cincuenta años en el primer capítulo de *El manifiesto comunista*:

> Dondequiera que ha conquistado el poder, la burguesía ha destruido las relaciones feudales, patriarcales, idílicas [...] Todas las relaciones estancadas y enmohecidas, con su cortejo de creencias y de ideas veneradas durante siglos, quedan rotas; las nuevas se hacen viejas antes de llegar a osificarse. Todo lo estamental y estancado se esfuma; todo lo sagrado es profanado, y los hombres, al fin, se ven forzados a considerar serenamente sus condiciones de existencia y sus relaciones recíprocas.[1]

Esto es algo que ignoran los teóricos culturales de izquierdas que siguen centrando su crítica en la ideología y la práctica patriarcales. ¿No va siendo hora de que nos preguntemos si la crítica al patriarcado se ha convertido en objetivo primordial en el mismo momento histórico en que ha perdido su papel hegemónico, cuando ha sido barrido, como predijeron Marx y Engels, por el individualismo de mercado? Tales «izquierdistas» no son, por supuesto, más que payasos con piel de lobo: se hacen pasar por revolucionarios radicales mientras defienden el sistema.

La guerra cultural que se libra en el Occidente desarrollado es, por tanto, una falsa guerra, una guerra entre dos versiones del mismo sistema capitalista global: su versión individualista de un mercado puro y desenfrenado y su versión conservadora neofascista que intenta unir el di-

---

1. Citado del capítulo 1 de *El manifiesto comunista*: <https://centromarx.org/images/stories/PDF/manifiestocomunista.pdf>.

namismo capitalista con los valores y libertades tradicionales. La paradoja es aquí doble: la corrección política es
un desplazamiento de la vieja lucha de clases: la élite liberal
tiende a proteger a la minoría oprimida para ocultar el hecho básico de su privilegiada posición económica y política. Esta mentira permite a los populistas de la extrema derecha presentarse como defensores de la «verdadera» clase
trabajadora frente a las grandes corporaciones y las élites
del «Estado profundo». La paradoja es, por tanto, que los
conservadores populistas de hoy son más «revolucionarios» que los liberales, que no dudan en apelar al orden social e incluso a la opresión policial cuando lo consideran
necesario («¿Dónde estaban la policía y la Guardia Nacional el 6 de enero?»). La implicación que hay que extraer
no es que la izquierda y la derecha sean hoy conceptos an-
ticuados, sino que ambos polos de la actual guerra fría
solo pueden entenderse adecuadamente como una lucha
de clases desplazada: ninguno de ellos defiende realmente
a los explotados.

¿La solución? Judith Butler, que condena claramente
el ataque ruso y también hace hincapié en la orientación
anti-LGBT+ de la política rusa, dijo recientemente: «Tengo la esperanza de que el ejército ruso deponga las armas».[1] De acuerdo, pero ¿qué hacemos *hasta que* se produzca este milagro? Simon Tisdall pintó un cuadro
bastante preciso de lo que le espera a Europa en un futuro
próximo:

1. «Judith Butler: "I am hopeful that the Russian army will lay
down its arms"», *Ara*, 28 de abril de 2022: <https://en.ara.cat/cul
ture/am-hopeful-that-the-russian-army-will-lay-down-its-arms_128_
4353851.html>.

El objetivo de Putin es empobrecer Europa. Al utilizar como arma la energía, los alimentos, los refugiados y la información, el líder ruso propaga el dolor económico y político, creando condiciones de guerra para todos. Se avecina un largo, frío y calamitoso invierno europeo de escasez de energía y agitación. Pensionistas muertos de frío, jóvenes hambrientos, estanterías vacías en los supermercados, aumentos inasumibles del coste de la vida, salarios devaluados, huelgas y protestas callejeras apuntan a un colapso al estilo de Sri Lanka. ¿Una exageración? En realidad, no.[1]

Uno no puede dejar de observar cómo la propaganda rusa está pintando exactamente la misma imagen de Europa, solo que atribuyéndola a la decadencia occidental y a las estúpidas medidas de Europa contra Rusia. Si a esto añadimos los primeros signos de la ruptura de la solidaridad de la UE instigada por Rusia (los gobiernos de todos los países ya compiten por unos recursos que escasean), el panorama se aclara aún más: en «condiciones de guerra para todos», los elementos de lo que una vez se llamó «comunismo de guerra» pronto se convertirán en una necesidad. El aparato del Estado, en estrecha coordinación con otros Estados y apoyándose en la movilización local de la población, tendrá que regular la distribución de energía y alimentos, y evitar que la sociedad caiga en el desorden. No hay que excluir incluso una intervención directa de las fuerzas armadas en la vida social.

1. Simon Tisdall, «Putin is already at war with Europe. There is only one way to stop him», *The Guardian*, 17 de julio de 2022: <https://www.theguardian.com/commentisfree/2022/jul/17/putin-is-already-at-war-with-europe-there-is-only-one-way-to-stop-him>.

La crisis actual ofrece a Europa una alternativa: o el panorama actual de «pensionistas muertos de frío, jóvenes hambrientos, estanterías de supermercados vacías, salarios devaluados, huelgas y protestas callejeras que apuntan a un colapso económico como el de Sri Lanka», como dijo Simon Tisdall, o la movilización. Tenemos una oportunidad única de dejar atrás nuestra búsqueda de un asistencialismo cómodo y aislado, cuyas grandes preocupaciones son «¿Cuánto subirán el gas y la electricidad?» y otras inquietudes similares. Zelenski declaró recientemente a *Vogue*: «Intenta imaginar que lo que estoy diciendo le ocurre a tu familia, a tu país. ¿Seguirías pensando en los precios del gas o de la electricidad?».[1] Tenía razón: Europa está siendo atacada, por lo que debería movilizarse, no solo militarmente, sino también social y económicamente. Deberíamos aprovechar la crisis para cambiar nuestro modo de vida de forma que se adapte a nuestra catastrófica situación ecológica y reconocer nuestra deuda con los antiguos países colonizados: es nuestra *única* oportunidad.

¿Estamos preparados? Lo dudo. Pero, ¿por qué no? Deberíamos ir más allá de la mezcla de obvias razones económicas e ideológicas y centrarnos en una postura subjetiva más básica que impregna nuestra vida cotidiana: la apatía melancólica.

1. «Volodymyr Zelensky and wife Olena: War is making our love stronger», *The Daily Telegraph*, 27 de julio 2022: <https://www.telegraph.co.uk/world-news/2022/07/27/volodymyr-zelensky-war-has-made-marriage-stronger/>.

LA DESAPARICIÓN DE LA INTERPASIVIDAD

Como os dirá cualquier psicoanalista, la melancolía precede a la prohibición. Lo que hace que la melancolía sea tan mortífera es que los objetos de deseo están ahí, disponibles, solo que el sujeto ya no los desea. La función de la prohibición es sacar al sujeto del letargo melancólico y mantener vivo su deseo. Si, en la melancolía, el objeto está fácilmente a nuestro alcance, pero el deseo del sujeto por él ha desaparecido, la prohibición apuesta por privar al sujeto del objeto para resucitar el deseo. El permisivo capitalismo liberal actual es melancólico: estamos perdiendo el deseo de hacer lo que sabemos que hay que hacer. Por el contrario, el populismo nacionalista moviliza el duelo (por un modo de vida amenazado por la globalización corporativa). Para entender todo esto, James Godley ha evocado la observación de Byung-Chul Han de que después de la era de la pandemia

no solo nos resulta más difícil participar en concentraciones masivas, sino que ya ni siquiera sabemos para qué sirven esos rituales. La valorización que hace el capitalismo neoliberal de la «agitación» innovadora y su enfoque miope en la búsqueda constante de nuevos recursos para la plusvalía han patologizado estos rituales multitudinarios, sustituyéndolos por neuróticos ceremoniales «privados» y experiencias confesionales. Esto ha llevado a estigmatizar las estructuras de colectividad, tachándolas de anticuadas o incluso potencialmente dañinas para el tejido social. Así, a pesar del actual énfasis cultural en la apertura y la comunicación interpersonal, o incluso a causa de ello, el discurso subjetivista de la psicologización ha reorientado la preocupación por las estructuras sociales objetivas hacia la salud mental de los individuos. Han observa que, como resultado, se ha olvidado que «los actos rituales también incluyen sentimientos, pero el portador de estos sentimientos no es el individuo aislado», sino la comunidad. Hemos olvidado, por ejemplo, que los rituales de duelo no tienen que ver con la emotividad individual, sino con lo que Han describe como «un sentimiento objetivo, un sentimiento colectivo [que] impone el duelo» a todo el mundo colectivamente, y que, por tanto, «consolida una comunidad».[1]

En resumen, solo puede darse un duelo adecuado cuando una figura del gran Otro —cualquier autoridad simbólica que sustente un modo de vida— lo hace por nosotros. Solo podemos aceptar la pérdida de un objeto cuando esta pérdida se inscribe en el gran Otro, y cuando esto ocurre pueden surgir complicaciones inesperadas. Un amigo de Eslovenia me contó el trágico final de un joven transexual que quería hacer la transición legalmente; si-

1. Véase James Godley, «In the Shadow of Fire» (intervención en el congreso In the Wake of the Plague: Eros and Mournings, celebrado en Dartmouth College, 21-24 de abril de 2022).

guió todos los trámites, y el día en que recibió la confirmación oficial de que ya era reconocido por la ley como hombre, se quitó la vida. Es demasiado fácil especular sobre las razones que pudieron empujarle a hacerlo (¿la realización de su deseo más profundo le superó?). Lo que debemos destacar es el peso del acto simbólico: la inscripción de la identidad que había elegido en el gran Otro oficial. Lo que le llevó al suicidio no fue ningún cambio en su realidad corporal o interpersonal (sus padres y amigos apoyaron su decisión), sino el mero paso final de que la agencia estatal dejara constancia de lo que hizo.

Conviene recordar aquí la noción de interpasividad (en el sentido auténtico de este término, desarrollado por Robert Pfaller). Jacques Lacan evoca la situación común de los espectadores de un teatro que disfrutan de la representación de una tragedia griega, pero su lectura de esta deja claro que algo extraño está ocurriendo: es como si una figura del Otro (en este caso, el Coro) pudiera asumir y experimentar por nosotros nuestros sentimientos más íntimos y espontáneos, incluyendo el llanto y la risa.[1]

En algunas sociedades, desempeñan el mismo papel las llamadas «plañideras» (mujeres contratadas para llorar en los funerales): pueden representar el espectáculo del luto por nosotros, los familiares del difunto, permitiéndonos dedicar nuestro tiempo a tareas más provechosas (como ocuparnos de repartir la herencia). ¿Y las ruedas de oración tibetanas? Pongo en la rueda un trozo de papel con una oración escrita, la hago girar mecánicamente (o,

---

1. Véase Jacques Lacan, *Seminar VII: The Ethics of Psychoanalysis*, Londres, Routledge, 2015. [Ed. esp.: *El seminario 7: La ética del psicoanálisis*. Trad. de Enric Berenguer. Buenos Aires, Paidós Argentina, 1997.]

de forma aún más práctica, dejo que el viento la haga girar), y la rueda reza por mí. Como habrían dicho los estalinistas, «objetivamente» estoy rezando, aunque mis pensamientos estén ocupados con las fantasías sexuales más obscenas. Y para disipar la ilusión de que tales cosas solo pueden ocurrir en las sociedades «primitivas», pensemos en las llamadas «risas enlatadas» en una pantalla de televisión (las risas a una escena cómica que se incluyen en la propia banda sonora): incluso si no me río y me quedo mirando la pantalla, cansado después de un duro día de trabajo, me siento aliviado después del espectáculo, como si la televisión se riera por mí. Para captar adecuadamente este extraño proceso, necesitamos complementar la idea tan de moda de la interactividad con su extraño doble, la *interpasividad* de Pfaller.[1] Lo que encontramos en el funcionamiento cínico actual de la ideología es el no-conocimiento interpasivo, *el otro NO sabe por mí*: yo habito cómodamente mi conocimiento, ignorando este conocimiento a través de un Otro. Esto es lo que ocurre con el establishment liberal actual: como en la película de 2021 *No mires arriba*, saben cómo están las cosas (que la catástrofe es inminente), pero no actúan sobre la base de este conocimiento y transfieren su ignorancia al Otro de los negacionistas del asteroide.

¿Lo que necesitamos, pues, es algún tipo de prohibición nueva (de base ecológica, pongamos): una prohibición de actividades que pongan en peligro nuestro medioambiente? Como ha dicho Adrian Johnston: «Sabemos que las cosas no funcionan. Sabemos lo que hay que arreglar. A veces incluso tenemos ideas sobre cómo arreglarlo. Pero,

1. Me baso aquí en Robert Pfaller, *Die Illusionen der Anderen*, Frankfurt, Suhrkamp, 2003.

a pesar de ello, seguimos sin hacer nada ni para reparar el daño ya hecho ni para prevenir otros daños fácilmente previsibles».[1]

¿De dónde viene esta pasividad? El capitalismo global actual genera apatía precisamente porque nos exige una hiperactividad permanente, un compromiso constante con su dinámica devastadora: ¿somos conscientes de lo mucho que ha cambiado nuestra vida cotidiana en las últimas décadas? Así pues, para abrir el camino a un cambio real, primero tenemos que frenar el ritmo enloquecido del cambio continuo. Nunca se nos da un momento de respiro para pensar. La apatía es, pues, la otra cara del dinamismo extremo: las cosas cambian sin cesar para que nada de lo que importa cambie realmente. Es un poco como el neurótico compulsivo –como yo– que habla y gesticula todo el tiempo no para conseguir algo, sino porque tiene miedo de que, si se detiene un instante, los demás se den cuenta de la inutilidad de lo que está haciendo y puedan plantear una pregunta realmente importante.

Este estancamiento, sostenido por la hiperactividad, también nos permite explicar cómo el capitalismo actual consigue neutralizar las amenazas y las voces críticas hasta un grado impensable para Marx. Hoy la ideología funciona cada vez menos como un síntoma y cada vez más como un fetiche. El funcionamiento sintomático consigue que la ideología sea vulnerable al procedimiento ideológico-crítico: a la manera clásica de la Ilustración, cuando un individuo atrapado en la ideología comprende el mecanis-

1. Adrian Johnston, «Capitalism's Implants: A Hegelian Theory of Failed Revolutions», en *Crisis & Critique*, 8, 2 (2021): <https://www.crisiscritique.org/storage/app/media/2021-12-13/cc-82-adrian-johnston.pdf>.

mo oculto del engaño ideológico, el síntoma desaparece, el hechizo de la ideología se rompe. En el funcionamiento fetichista, la ideología funciona de un modo cínico, incluye una distancia hacia sí misma, o, para repetir la vieja fórmula de Sloterdijk de la razón cínica: «Sé lo que estoy haciendo, y sin embargo lo hago». Como escribió Alenka Zupančič, en un estilo cínico, la negación fetichista «lo sé muy bien, pero... (en realidad no me lo creo)» se eleva a un nivel reflexivo superior: el fetiche no es el elemento al que me aferro para poder actuar ignorando lo que sé: el fetiche es *este propio conocimiento*. La razón cínica es: «Sé muy bien lo que hago, así que no puedes reprocharme que no sepa lo que hago». Así es como, en el capitalismo actual, la ideología hegemónica incluye (y por tanto neutraliza) la eficacia del conocimiento crítico: la distancia crítica hacia el orden social es el medio a través del cual este orden se autorreproduce. Basta con pensar en la proliferación actual de bienales de arte (Venecia, Kassel...): aunque suelen presentarse como una forma de resistencia frente al capitalismo global y su mercantilización de todo, en su modo de organización son la forma definitiva del arte como momento de la autorreproducción capitalista.

Cuando el espacio público del duelo se desintegra en ceremoniales privados neuróticos y experiencias confesionales, el espacio social sigue aquí, solo que ya no es el gran Otro de rituales y reglas no escritas, sino un espacio de propiedad privada para el intercambio directo de obscenidades privadas, como el metaverso de Zuckerberg. Lo que esto significa es que, en este preciso momento en que estamos ayudando a los ucranianos a defender la libertad, deberíamos estar más atentos que nunca a lo que es la verdadera libertad. El final del Acto I del *Don Giovanni* de Mozart comienza con la poderosa proclama de don Giovanni: «*Viva la libertà!*», repetida enérgicamente por todos, interrumpiendo el flujo melódico, como si la música se atascara en este punto de excesivo compromiso. Pero la trampa está, por supuesto, en que, aunque todo el grupo se une con entusiasmo en torno a la invocación a la libertad, cada subgrupo proyecta en «*libertà*» sus propios sueños y esperanzas, o, citando a Étienne Balibar: «La sociabilidad es, por tanto, la unidad de un acuerdo real y de una ambivalencia imaginaria, ambos con efectos reales».[1]

Imaginemos una situación de unidad política en la que todos los bandos se unen bajo el mismo significante amo («libertad»), pero cada grupo particular proyecta un significado diferente en esta universalidad (libertad de propiedad para algunos, libertad anárquica fuera de la ley estatal para otros, condiciones sociales que permiten a los individuos hacer realidad su potencial para otro grupo, y así sucesivamente). Los contornos de la libertad son, por supuesto, históricamente variables, lo que nos lleva a la profunda historicidad de la idea dominante de libertad: para simplificarlo al máximo, en las sociedades tradicionales la libertad no se refiere a la igualdad; la libertad significa que cada persona debe ser libre de desempeñar su papel específico en el orden jerárquico. En las sociedades modernas, la libertad está ligada a la igualdad jurídica abstracta y a la libertad personal (un trabajador pobre y su patrón rico son igualmente libres); desde mediados del siglo XIX, la libertad está cada vez más ligada a las circunstancias sociales que me permiten realizarla (bienestar mínimo, educación gratuita, asistencia sanitaria, etc.).

1. Étienne Balibar, *Spinoza and Politics*, Nueva York, Verso, 1998, p. 88. [Ed. esp.: *Spinoza y la política*. Trad. de César Marchesino. Buenos Aires, Prometeo, 2011.]

Hoy se hace hincapié en la «libertad de elección», lo que implica ignorar cómo se impone a los individuos el propio marco de elección, qué opciones se privilegian *de facto*, etcétera. La libertad empieza por cuestionar su propio marco. Ahora, en Ucrania, todo el mundo grita «*Viva la libertà!*», pero si triunfan en su lucha –o cuando eso, esperemos, ocurra– se enfrentarán a la verdadera elección: ¿de qué libertad deben disfrutar finalmente? ¿Deben seguir el modelo de la democracia liberal occidental, que está en crisis? ¿Se unirán al eje conservador-populista de Polonia y Hungría? ¿O se darán cuenta de que tienen que encontrar un nuevo camino? La estructura de nuestro espacio político parece estar cambiando, pero no hacia algo verdaderamente «nuevo». El gran cambio es que la oposición entre los partidos de centro-izquierda y centro-derecha como eje principal de nuestro espacio político ha sido sustituida por la oposición entre grandes partidos tecnocráticos (que representan el conocimiento experto) y adversarios populistas con lemas anticorporativos y antifinancieros. Sin embargo, este cambio ha sufrido otro giro sorprendente: últimamente estamos asistiendo a algo que no podemos sino calificar de tecnopopulismo: un movimiento político con un claro atractivo populista (que afirma estar al servicio de la gente, de sus «intereses reales», «ni de izquierdas ni de derechas»), que promete ocuparse de la gente mediante una política experta y racional, un enfoque práctico, sin movilizar las bajas pasiones ni recurrir a eslóganes demagógicos. Citando a Christopher Bickerton y Carlo Accetti:

> Los llamamientos tecnocráticos al saber experto y las invocaciones populistas al «pueblo» se han convertido en los pilares de la competición política en las demo-

cracias consolidadas. Esta evolución se entiende mejor como la aparición del tecnopopulismo, una nueva lógica política que se superpone a la lucha tradicional entre izquierda y derecha. Los movimientos y actores políticos combinan los llamamientos tecnocráticos y populistas de diversas maneras, al igual que los partidos más consolidados, que se están adaptando al conjunto particular de incentivos y limitaciones implícitos en esta nueva forma de política sin mediadores.[1]

Lo que parecía el máximo antagonismo de la política actual, la gran lucha entre la democracia liberal y el populismo nacionalista de derechas, se ha transformado milagrosamente en una coexistencia pacífica: ¿estamos ante una especie de «síntesis dialéctica» de los opuestos? No, porque los opuestos se reconcilian mediante la exclusión del tercer término: el antagonismo político, es decir, la dimensión política como tal. El modelo insuperable en este sentido fue el de Mario Draghi en Italia, que fue respaldado como primer ministro «neutral» y eficiente por todo el espectro político (con la significativa excepción de los neofascistas de extrema derecha, que están salvando el honor de la política), pero los elementos del tecnopopulismo son claramente reconocibles también en Emmanuel Macron e incluso en Angela Merkel.

La embarazosa paradoja que nos vemos obligados a aceptar es que, desde el punto de vista moral, la forma más cómoda de mantener la propia altura moral es vivir en un régimen moderadamente autoritario. Puedes opo-

1. Christopher J. Bickerton y Carlo Invernizzi Accetti, *Technopopulism: The New Logic of Democratic Politics*, Oxford: Oxford University Press, 2021, p. 7.

nerte suavemente (siguiendo las reglas no escritas) al régimen (sin suponer realmente una amenaza para él), de modo que estés seguro de tu recta postura moral sin arriesgar mucho. Incluso si padeces algunas desventajas (algunos puestos de trabajo están fuera de tu alcance, te pueden procesar), esos castigos menores solo proporcionan un aura heroica. Pero una vez que llega la democracia plena, todos entramos en el terreno de la desorientación: las opciones ya no están tan claras. Por ejemplo, en Hungría, a mediados de la década de 1990, los exdisidentes liberales tuvieron que tomar una decisión difícil: ¿debían coaligarse con los excomunistas para evitar que la derecha conservadora tomara el poder? Se trataba de una decisión estratégica para la que no bastaba un simple razonamiento moral. Por eso tantos agentes políticos de los países postsocialistas añoran los viejos tiempos en los que las opciones estaban claras; desesperados, intentan volver a la antigua claridad equiparando a su adversario actual con los antiguos comunistas. En Eslovenia, los nacionalistas conservadores siguen culpando a los antiguos comunistas de todos los problemas actuales del país; por ejemplo, afirman que el elevado número de gente que está contra la vacuna es el resultado de la herencia comunista; al mismo tiempo, los liberales de izquierda afirman que, mientras estuvieron en el poder, los nacionalistas conservadores gobernaron exactamente de la misma forma autoritaria que los comunistas antes de 1990. El primer gesto de una nueva política debe ser este: admitir plenamente la desorientación y asumir la responsabilidad de tomar decisiones estratégicas difíciles.

Así, la democracia parlamentaria, tal y como la conocemos, es cada vez más incapaz de resolver los problemas a los que nos enfrentamos. Sin embargo, si nos limitamos a evitar las «falsas» soluciones y a esperar el momento oportuno, este nunca llegará: el tiempo corre en nuestra contra, y tenemos que comprometernos de todas las maneras posibles, con la esperanza de que incluso el fracaso siente las bases para nuevos cambios. El movimiento Syriza en Grecia no llegó al poder solo con las elecciones: surgió de un vasto tapiz de grupos de protesta de la sociedad civil tras años de movilización; la tragedia fue que, tras la victoria de Syriza, este tapiz se desintegró. Aquí volvemos a tropezar con la pregunta que recorre este libro: ¿cómo lograr un cambio real en una época en la que lo que los medios de comunicación presentan como progreso, es, la mayoría de las veces, un retroceso disfrazado de paso adelante?

¿IMPUESTOS A LOS RICOS? ¡NO ES SUFICIENTE!

En política, la expresión «*larvatus prodeo*» («avanzo ocultándome») suele ser bastante apropiada: una fuerza revolucionaria, cuando toma el poder, a menudo al principio no muestra sus verdaderas intenciones y solo afirma que quiere mejorar el sistema existente. Pero ¿no es aún más apropiado darle la vuelta al dicho y afirmar: *larvatus redeo* («retrocedo ocultándome»)? Cuando me veo obligado a retroceder, asumo una máscara engañosa para encubrir la profundidad de mi derrota y presentarla como un progreso... Sin embargo, ¿y si el propio rostro desnudo ya es una máscara, de modo que cuando me retiro finjo dejar caer mi máscara y ofrecer mi verdadero rostro? Hacerlo constituiría el engaño definitivo. No hay más que recordar a los políticos que (a menudo a una edad avanzada) traicionan sus raíces radicales y afirman que ya no son víctimas de falsas quimeras: «Renuncio a mis ilusiones ideológicas, ahora soy realmente yo mismo».

Esta versión del *larvatus redeo* encaja perfectamente con el funcionamiento fetichista de la ideología en su modo cínico, que incluye cierta distancia hacia sí misma, o, para repetir la vieja fórmula de Peter Sloterdijk de la razón cínica: «Sé lo que estoy haciendo, y sin embargo lo hago». La negación fetichista «Lo sé muy bien, pero... (en realidad no me lo creo)» se eleva así a un nivel reflexivo superior: el fetiche no es el elemento al que me aferro para poder actuar ignorando lo que sé; el fetiche es *este propio conocimiento*. Recordemos la gran conferencia sobre el cambio climático que se celebró en Glasgow hace dos años: se hizo pública la necesidad urgente de una cooperación mundial y de una acción ecológica, pero toda esta palabrería no tuvo ningún efecto real. Y es bastante probable que ocurra lo mismo con toda la palabrería anticapitalista: muy poco cambiará realmente; cualquier amenaza al sistema será neutralizada de forma efectiva.

La postura crítica predominante en nuestros grandes medios de comunicación sigue evitando el capitalismo. He aquí un caso ejemplar. Harry y Meghan se han unido a Ethic, una empresa que invierte en proyectos sostenibles, como «agentes de impacto». El sitio web de Ethic dice: «Están profundamente comprometidos con ayudar a abordar las cuestiones definitorias de nuestro tiempo –como el clima, la equidad de género, la salud, la justicia racial, los derechos humanos y el fortalecimiento de la democracia– y entienden que estas cuestiones están intrínsecamente interconectadas».[1] Uno no puede dejar de observar que algo falta en esta lista de «cuestiones definitorias de nuestro tiempo»: sí, estas cuestiones están «intrínsecamente interconectadas», pero no directamente; lo que po-

1. Véase «How Prince Harry makes his millions – inside Duke and Duchess of Sussex £135m empire», *Daily Express*: <https://www.express.co.uk/news/royal/1723933/price-harry-meghan-markle-deals-millions-empire-dxus>.

188

sibilita su conexión es el capitalismo global y sus efectos destructivos.

Frente a esta postura dominante, un anticapitalismo directo se está extendiendo gradualmente incluso en nuestros medios de comunicación dominantes. Comenzó hace una década o más con lo que uno no puede sino llamar Hollywood-Marxismo, desde películas como *Avatar*, que traslada la lucha de clases a un conflicto entre la cultura alienígena orgánica-patriarcal que vive en armonía con la naturaleza, por un lado, y el brutal capitalismo corporativo que trata de colonizarlos y explotarlos, por el otro, hasta llegar a películas que matan a los ricos (*Puñales por la espalda: El misterio de Glass Onion, El menú, El triángulo de la tristeza...*). Del mismo modo, los debates económicos se limitan, en primer lugar, a la crítica de los ultrarricos: muchos miembros de esta élite piden a los gobiernos que les cobren más impuestos para ayudar a miles de millones de personas que luchan por sobrevivir. Hace poco supimos que «el 2 % de la riqueza de Elon Musk podría resolver el hambre en el mundo»,[1] y Musk (que recientemente perdió más de la mitad de su riqueza, cifrada en unos 160.000 millones de dólares) ofreció inmediatamente el dinero si la ONU era capaz de proponer un modelo claro de cómo lograr el objetivo... Aunque «gravar a los ricos» es algo que hay que llevar a cabo, debemos tener en cuenta que deja intacto el funcionamiento del sistema, al tiempo que intenta limitar sus excesos. Incluso algunos grandes medios de comunicación están tomando conciencia de

---

1. «2% of Elon Musk's wealth could help solve world hunger, says director of UN food scarcity organization», *CNN.com*, 1 de noviembre de 2021: <https://edition.cnn.com/2021/10/26/economy/musk-world-hunger-wfp-intl/index.html>.

que hace falta algo más: el *Financial Times* declaraba en un editorial que el neoliberalismo tiene que abandonar la escena mundial, ya que su tiempo ha pasado; la dinámica capitalista se parece cada vez más a un hámster que corre en la rueda de su jaula.[1]

¿Qué hace falta, entonces? Lo primero, aprender a cruzar las líneas rojas impuestas por la ideología neoliberal: el capitalismo actual puede sobrevivir a intervenciones mucho más radicales de lo que parece. Mariana Mazzucato señaló que el sistema que repetía constantemente el mantra de que no podemos subir los impuestos para luchar contra el calentamiento global fue capaz de gastar billones para combatir la epidemia omicrónica.[2] Así que deberíamos empezar por consolidar valientemente lo que Peter Sloterdijk llamó «socialdemocracia objetiva»: el verdadero triunfo de la socialdemocracia se produjo cuando sus demandas básicas (educación y sanidad gratuitas, etc.) se convirtieron en parte del programa aceptado por todos los partidos principales y se inscribieron en el funcionamiento de las propias instituciones estatales.

Pero esto no será suficiente. Lo segundo que hay que hacer es adquirir conciencia de que el sistema parlamentario multipartidista existente no es lo bastante eficaz para hacer frente a las crisis que nos acosan. No deberíamos fetichizar la democracia parlamentaria multipartidista: lo que Friedrich Engels escribió en una carta a August Bebel

1. Véase «The market is not an end in itself», *Financial Times*, 16 de septiembre de 2022: <https://www.ft.com/content/0affdc86-0148-4d1e-80f3-4b7e0d2d5bc2>.

2. «Hatte Marx doch recht?», *Der Spiegel*, 30 de diciembre de 2022: <https://www.spiegel.de/wirtschaft/gruener-kapitalismus-die-chance-auf-eine-nachhaltigere-wirtschaftsordnung-a-00f49cb5-6509-456f-94ad-f420fab94200>.

en 1884 sigue siendo válido. Engels advertía que la «democracia pura» se convierte a menudo en un eslogan de la reacción contrarrevolucionaria: «En el momento de la revolución, toda la masa reaccionaria actuará como si fuera demócrata... Pase lo que pase, el día crucial y el día después, actuarán como si fueran demócratas».[1] ¿No ocurre exactamente esto cuando un movimiento emancipador en el poder se radicaliza demasiado? ¿No se dio –entre muchos otros– el golpe de Estado contra Evo Morales en Bolivia en nombre de la democracia?

Lenin observó (desde una balconada que daba a la sala) la última sesión de la Asamblea Constituyente rusa, el 5 de enero de 1918. Después, la Asamblea fue disuelta *de facto* y no se volvió a convocar: la democracia (en el sentido habitual de la palabra, al menos) había terminado en Rusia, ya que esta Asamblea fue el último órgano electo multipartidista. He aquí la reacción de Lenin, que merece una extensa cita:

«Amigos, he perdido un día», dice un viejo dicho latino. Uno no puede evitar evocarlo cuando recuerda cómo se perdió el cinco de enero.

Después de una labor soviética real, viva, entre obreros y campesinos comprometidos en *tareas reales*, limpiando el bosque y arrancando los tocones de la explotación del capital y de los terratenientes, nos vimos transportados de repente a «otro mundo», a llegadas de otro mundo, del campo de la burguesía, con sus adalides voluntarios o involuntarios, conscientes o inconscientes, con sus parásitos, sirvientes y defensores. Del

1. Marx y Engels, *Collected Works*, vol. 47, Moscú, Progress Publishers, 1995, p. 234.

mundo en el que el pueblo trabajador y su organización soviética libraban la lucha contra los explotadores, fuimos transportados al mundo de las frases edulcoradas, de la persuasiva palabrería hueca, de promesas y más promesas basadas, como antes, en la conciliación con los capitalistas.

Es como si la historia hubiera dado marcha atrás accidentalmente, o por error, y enero de 1918 se hubiera convertido por un solo día en mayo o junio de 1917.

¡Fue terrible! Ser transportado del mundo de los vivos a la compañía de los cadáveres, respirar el olor de los muertos, oír a aquellas momias con sus vacías frases «sociales» de Louis Blanc, era sencillamente intolerable [...]

Fue un día duro, aburrido y fastidioso en los elegantes salones del Palacio Táuride, cuyo aspecto difiere del Instituto Smolny aproximadamente de la misma manera que el elegante, pero moribundo, parlamentarismo burgués difiere del aparato soviético llano y proletario, que en muchos aspectos sigue siendo deficiente e imperfecto, pero que está vivo y es vital. Allí, en aquel viejo mundo del parlamentarismo burgués, los dirigentes de las clases hostiles y de los grupos hostiles de la burguesía practicaban su *esgrima*. Aquí, en el nuevo mundo del estado socialista proletario y campesino, las clases oprimidas hacen torpes, ineficaces... [el manuscrito se interrumpe en este punto].[1]

1. V. I. Lenin, «People From Another World», de *Collected Works*, vol. 26, Moscú, Progress Publishers, 1972, pp. 431-433: <https://www.marxists.org/archive/lenin/works/1918/jan/06.htm>. [Ed. esp.: *Obras completas*, Tomo XXVIII, Madrid, Akal, 1976.]

Por supuesto, es fácil burlarse del pasaje citado, viendo en él solo el primer paso hacia la dictadura estalinista, y contraatacar: ¿qué hay de las reuniones y debates dentro del propio partido bolchevique? ¿No se convirtieron también en un par de años en «el mundo de las frases edulcoradas, de la persuasiva palabrería hueca», un mundo de rituales vacíos en el que los miembros también actuaban como zombis y en el que también se podía «respirar el olor de los muertos»? Pero, por otro lado, la descripción brutalmente gélida de Lenin, ¿no se ajusta perfectamente a las grandes reuniones sobre el calentamiento global como la conferencia de Glasgow, que también nos transportan «al mundo de las frases edulcoradas [...] de promesas y más promesas basadas, como antes, en la conciliación con los capitalistas»?

En busca de una democracia diferente, uno se siente tentado de recurrir a la China actual. Es lo que hizo Roland Boer,[1] argumentando que, aunque China no es simplemente un modelo global que todos debamos seguir, proporciona lecciones útiles, ya que muestra cómo combinar el socialismo con el crecimiento económico y un papel importante del mercado. La compleja evolución desde las reformas de Deng Xiaoping hasta la nueva visión de Xi Jinping no puede reducirse a un conflicto entre (una dosis limitada de) capitalismo de mercado y «totalitarismo» comunista, como

---

1. Véase Roland Boer, *Socialism with Chinese Characteristics: A Guide for Foreigners*, Singapur, Springer, 2021. El libro está dedicado a Domenico Losurdo, que escribió *Stalin: The History and Critique of a Black Legend* (disponible online en <https://static1.squarespace.com/static/5ed33bcd368e221ec227cacd/t/5ee39a1731781f54f197c5f7/1591974443348/Domenico+Losurdo+-+Stalin.pdf>); al igual que Losurdo, Boer trata a Stalin como uno de los grandes nombre de la tradición marxista revolucionaria.

sugiere la habitual crítica «democrática» occidental. Xi insiste repetidamente en que lo que se debe hacer es reorientar el crecimiento para que el pobre ciudadano de a pie perciba los beneficios, y pone énfasis en el control público de los mercados. Por eso es necesario el papel dirigente del partido comunista: garantiza que la dinámica del gran capital se oriente hacia el bien común de la mayoría, los derechos de las mujeres y las minorías, y sirve para mantener a raya las amenazas a nuestro medioambiente...

¿Está China mostrando el camino? No del todo: el malestar que desencadenó en la opinión pública el giro en la lucha contra el Covid fue solo uno de los muchos indicios de que la élite gobernante no percibe el descontento de la gente corriente ni reacciona eficazmente ante él. Detrás del objetivo proclamado de escuchar atentamente el descontento y las demandas de la mayoría, se esconde una sociedad en la que los medios de comunicación públicos están férreamente controlados y censurados; además, la forma de seleccionar a los dirigentes del Partido dista mucho de ser transparente.

Por otra parte, el auge imparable de los nuevos medios de comunicación (Facebook, Google, Instagram, TikTok, etcétera) en el Occidente «democrático» ha cambiado radicalmente la relación entre el espacio público y el privado: ha surgido un nuevo tercer espacio que viola la división entre lo público y lo privado. Este nuevo espacio es público y globalmente accesible; pero funciona simultáneamente como un intercambio de mensajes privados. Está lejos de ser un espacio no controlado: hay algoritmos que no solo lo censuran, impidiendo que algunos mensajes entren en él, sino que también manipulan la forma en que los mensajes captan nuestra atención. Lo que tenemos que hacer es ir más allá de la alternativa «China o Elon Musk»: ni el

194

control estatal no transparente ni la «libertad» de hacer lo que uno quiera, que también está manipulada por algoritmos no transparentes. Lo que China y Musk comparten es el control no transparente mediante algoritmos. Lo que necesitamos es casi evidente: por supuesto que hacen falta algoritmos que controlen el acceso (impidiendo contenidos racistas y sexistas, etc.), pero estos algoritmos deben ser totalmente transparentes, debatirse públicamente y ser plenamente accesibles. Algunos teóricos piensan que, con este nuevo espacio, la propia idea de ideología ya no sirve de nada. Sin embargo, es fácil demostrar que la ideología sigue siendo aquí plenamente operativa: la «libertad» de la que disfrutamos en este espacio es un modo ilustrativo de no-libertad experimentada como libertad, de libertad que está estrechamente regulada, manipulada y controlada. En su «Prólogo» al libro de Søren Mau *Mute Compulsion*, Michael Heinrich señala que el término «compulsión muda», utilizado por Marx un par de veces en *El capital*, es «de importancia central en el contraste entre las relaciones personales de dominación, como la esclavitud o la servidumbre en los modos de producción precapitalistas, y la dominación impersonal de los trabajadores asalariados legalmente libres con la que Marx caracteriza el modo de producción capitalista». Esta idea resulta, así,

> un componente clave del «poder del capital» específicamente económico, un poder basado en la alteración de las condiciones materiales de la reproducción social. Para su examen de la cuestión, ya muy debatida, de cómo las relaciones capitalistas se reproducen repetidamente a pesar de todas las crisis y contradicciones, Søren había mencionado un tercer tipo de relaciones de poder

195

junto a las basadas en la violencia y las basadas en la ideología. Mientras que estas tienen un efecto directo sobre las personas, aquel tercer tipo se impone indirectamente al remodelar el entorno económico y social de las personas.[1]

El único punto en el que me veo tentado a discrepar aquí es en la distinción entre compulsión muda e ideología: esta distinción solo es válida si concebimos la ideología en el sentido estricto de constructos legales y conceptuales explícitos. Sin embargo, creo que, en nuestra era (erróneamente) llamada «posideológica», el principal espacio en el que la ideología sigue siendo plenamente operativa es precisamente la tupida red de prácticas cotidianas, con sus normas y costumbres implícitas, que seguimos sin ni siquiera ser plenamente conscientes de ellas: el ámbito, precisamente, de la «ideología muda».

Lo tercero: tampoco basta con centrarse en los problemas económicos «reales»; deberemos asimismo asimilar plenamente las lecciones del psicoanálisis. Friedrich Engels escribió que en el socialismo «la satisfacción de todas las necesidades razonables estará asegurada para todos en una medida cada vez mayor»,[2] pero uno debería plantearse la inevitable pregunta: ¿cuáles son, precisamente, esas «necesidades razonables»? ¿No es la gran lección del psicoanálisis que, en nuestro universo social, las necesidades nunca se expresan directamente: siempre están me-

1. Véase Søren Mau, *Mute Compulsion*, Londres, Verso Books, 2023. [Ed. esp.: *Compulsión muda*. Traducción a cargo de Ediciones Extáticas y sus colaboradores. Madrid, Ediciones Extáticas, 2023.]
2. Marx y Engels, *Collected Works*, vol. 24, Moscú, Progress Publishers, 1989, p. 183.

diadas por mecanismos psíquicos que las convierten en deseos «irracionales» pervertidos? Estoy dispuesto a arriesgar mi vida por algo que no necesito; la prohibición de obtener directamente lo que deseo puede proporcionarme en sí misma un excedente de placer; lo que deseo está mediado por lo que desean los demás; existe el mecanismo de la envidia que hace que sea más importante hacer daño al otro que satisfacerme a mí mismo... ¿Cómo se pueden explicar cosas como el racismo y el sexismo sin inversiones tan pervertidas? Fredric Jameson señaló que, si imaginamos algún tipo de comunismo, la envidia será su problema básico. Así que el paso al poscapitalismo (en cualquier versión) no solo será un proceso muy complejo en el plano económico, sino que también nos enfrentará a nuevos problemas de economía libidinal; la lección definitiva es: «No hay crítica de la economía política sin una crítica de la economía libidinal». Y no estamos hablando aquí solo de complementar una crítica de la economía política con una crítica de la economía libidinal: una lectura atenta de Marx muestra que una cierta crítica de la economía libidinal ya está presente en *El capital*. ¿No caracteriza Marx al capitalismo como un sistema dirigido por un impulso incesante (*Trieb*) hacia la autorreproducción ampliada?

La conclusión es, pues, que no hay que descartar cínicamente las críticas emergentes al capitalismo: han abierto un nuevo espacio de pensamiento crítico, y de nosotros depende que este espacio sea o no reabsorbido por el sistema. Para evitar esta reabsorción, lo primero que hay que hacer es asumir plenamente el hecho de que no basta con decir la verdad: hay que decirla de manera que movilice a la gente a actuar en consecuencia, no para entregarse a la satisfacción farisaica. ¿Por qué? Friedrich

Jacobi, filósofo alemán activo hacia 1800, escribió: «*La verité en la repoussant, on l'embrasse*» («Al rechazar la verdad, uno la abraza»). Abundan los ejemplos de esta paradoja: por ejemplo, la Ilustración se impuso realmente a la fe y la autoridad tradicionales cuando los partidarios de la visión tradicional empezaron a utilizar la argumentación racional de la Ilustración para justificar su postura (una sociedad necesita una autoridad firme e incuestionable para disfrutar de una vida estable, etc.). Pero ¿ocurre lo mismo a la inversa? ¿Acaso al abrazar la verdad uno la rechaza? Esto es exactamente lo que ocurre hoy en día: la «verdad» (la necesidad urgente de cooperación global, etcétera) es repelida por la aceptación pública de la necesidad de una acción verde, de una acción colaborativa para luchar contra la pandemia, como ocurrió en la conferencia de Glasgow mencionada anteriormente. Este mecanismo ya fue descrito en 1937 por George Orwell, que mostró la ambigüedad de la actitud izquierdista predominante hacia las diferencias de clase:

> Todos despotricamos contra las diferencias de clase, pero muy poca gente quiere abolirlas de verdad. Lo que nos lleva al importante hecho de que toda opinión revolucionaria extrae parte de su fuerza de la secreta convicción de que no se puede cambiar nada [...] Mientras solo se trate de mejorar la suerte del trabajador, toda persona decente estará de acuerdo. Pero por desgracia no se llega más lejos simplemente deseando que desaparezcan las diferencias de clase. Más exactamente, *es necesario desear que desaparezcan*, pero tu deseo no tiene eficacia a menos que comprendas lo que implica. El hecho al que hay que enfrentarse es que abolir las diferencias de clase significa abolir una parte de uno mismo [...] Tengo

que transformarme tan completamente que al final apenas se me reconocerá como la misma persona.[1]

Lo que quiere decir Orwell es que los radicales invocan la necesidad de un cambio revolucionario como una especie de fetiche supersticioso que debería lograr lo contrario, es decir, *evitar* que el cambio ocurra realmente: los izquierdistas académicos de hoy que critican el imperialismo cultural capitalista están en realidad horrorizados ante la idea de que su campo de estudio acabe desapareciendo. Y lo mismo vale para nuestra lucha contra la pandemia y el calentamiento global: una paráfrasis de Orwell es apropiada aquí:

> Todos despotricamos contra el calentamiento global y la pandemia, pero muy poca gente quiere abolirlos de verdad. Mientras solo se trate de mejorar la suerte de la gente corriente, toda persona decente estará de acuerdo. Pero por desgracia no se llega más lejos simplemente deseando que desaparezcan el calentamiento global y la pandemia. Más exactamente, *es necesario desear que desaparezcan*, pero tu deseo no tiene ninguna eficacia a menos que comprendas lo que implica. El hecho al que hay que enfrentarse es que abolir el calentamiento global y la pandemia significa abolir una parte de uno mismo. Cada uno de nosotros tendrá que transformarse tan completamente que al final apenas se le reconocerá como la misma persona.

1. Véase George Orwell, *The Road to Wigan Pier* (1937). [Ed. esp.: *El camino a Wigan Pier*. Trad. de José María Martín Pinto. Madrid, Akal, 2022.]

¿Estamos dispuestos? La respuesta es un evidente NO. Citando de nuevo a Adrian Johnston: «Sabemos que las cosas no funcionan. Sabemos lo que hay que arreglar. A veces incluso tenemos ideas sobre cómo arreglarlas. Pero, a pesar de ello, seguimos sin hacer nada ni para reparar el daño ya hecho ni para prevenir otros daños fácilmente previsibles».[1] ¿De dónde viene esta pasividad? Tomemos la pandemia como ejemplo. Nuestros medios de comunicación especulan a menudo acerca de los motivos ocultos que empujan a los antivacunas a persistir tan tenazmente en su postura, pero, que yo sepa, nunca evocan la razón más obvia: en cierto modo *desean* la continuación de la pandemia, y saben que rechazar las medidas antipandémicas la prolongará. Si este es el caso, entonces la siguiente pregunta a plantear es: ¿qué (qué característica) hace que los antivacunas deseen la continuación de la pandemia?

Deberíamos evitar aquí no solo cualquier idea pseudofreudiana, como podría ser una versión de la pulsión de muerte, de un deseo de sufrir y morir. La idea de que los antivacunas se oponen a las medidas antipandémicas porque no están dispuestos a sacrificar el modo de vida liberal-occidental que es para ellos el único marco posible de libertad y dignidad es cierta, pero no suficiente. Deberíamos añadir aquí un goce perverso en la propia renuncia a los placeres ordinarios que la pandemia provoca. No debemos subestimar la secreta satisfacción que proporciona una vida pasiva de depresión y apatía, de seguir adelante sin un proyecto de vida claro.

Sin embargo, el cambio que se requiere no es solo subjetivo, sino un cambio social global. Al principio de la

1. Johnston, «Capitalism's Implants», cit.

pandemia, escribí que la enfermedad asestaría un golpe mortal al capitalismo. Me refería a la escena final de *Kill Bill 2*, de Tarantino, en la que Beatrix desactiva al malvado Bill y le golpea con la «Técnica de los cinco puntos para hacer explotar el corazón», una combinación de cinco golpes con las yemas de los dedos en cinco puntos de presión diferentes del cuerpo del objetivo: cuando este da cinco pasos, el corazón le explota en el cuerpo y cae al suelo. Mi argumento era que la epidemia del coronavirus era una especie de ataque al sistema capitalista mundial con la «Técnica de los cinco puntos para hacer explotar el corazón», una señal de que no podemos seguir como hasta ahora, de que es necesario un cambio radical.

Después, muchos se rieron de mí: el capitalismo no solo contuvo la crisis, sino que incluso la explotó para fortalecerse. Sigo pensando que yo tenía razón. En los últimos años, el capitalismo global ha cambiado tan radicalmente que algunos (como Yanis Varoufakis y Jodi Dean) ya ni siquiera llaman capitalismo al nuevo orden emergente, sino «neofeudalismo corporativo». La pandemia dio impulso a este nuevo orden corporativo, donde nuevos señores feudales como Bill Gates o Mark Zuckerberg controlan cada vez más nuestros espacios comunes de comunicación e intercambio.

La conclusión pesimista que se impone es que serán necesarias agitaciones y crisis aún más fuertes para despertarnos. El capitalismo neoliberal ya está agonizando, así que la batalla que se avecina no será la del neoliberalismo y su más allá, sino la de dos formas de ese más allá: el neofeudalismo corporativo, que promete burbujas protectoras contra las amenazas (como el «metaverso» de Zuckerberg), burbujas en las que podemos seguir soñando, y el brusco despertar que nos obligará a inventar nuevas formas de solidaridad. En este momento, esta solidaridad tiene un nombre. Se encarna en una persona que se pudre en una cárcel de Londres sin estar acusada de nada: Julian Assange.

ASSANGE: ¡SÍ, PODEMOS!

En enero de 2022, el Tribunal Supremo británico dictaminó que Julian Assange podía ser extraditado del Reino Unido a Estados Unidos; Estados Unidos ganaba así su recurso contra una sentencia anterior que había bloqueado su extradición alegando que los riesgos para su salud mental eran demasiado grandes. Este último giro en la interminable saga de Assange no fue más que la culminación de una larga, lenta y bien orquestada campaña de difamación que había alcanzado el nivel más vil imaginable unos años antes, cuando empezaron a circular rumores no verificados de que los ecuatorianos de la embajada de Londres querían deshacerse de él por su mal olor y porque llevaba la ropa sucia.

En la primera fase de los ataques contra Assange, sus antiguos amigos y colaboradores declararon públicamente que WikiLeaks comenzó su trabajo con buenas intenciones, pero luego se empantanó por culpa de la parcialidad política de Assange (su obsesión contra Hillary, sus sospechosos vínculos con Rusia...). A esto siguió una difamación personal más directa: se le llamó paranoico y arrogante, obsesionado con el poder y el control.[1] Luego llegamos a la línea de ataque más íntima y directa: olores y manchas corporales.[2] Lo único que realmente olía mal, sin embargo, fue la respuesta de algunas feministas más convencionales, que rechazaron cualquier solidaridad con Assange sobre la base de que no prestarían ninguna ayuda a un violador.[3] (Assange fue acusado de violación en Suecia, pero los cargos fueron retirados por falta de pruebas). En este caso, una acusación –cuando menos– muy sospechosa, que ni siquiera llegó a convertirse en acusación formal, pesó más que el hecho de ser víctima del terror de estado.

Assange, ¿un paranoico? Si vivieras permanentemente en un apartamento lleno de micrófonos, víctima de una vigilancia constante organizada por los servicios secretos, ¿quién no estaría paranoico? ¿Megalómano? Cuando el (ahora ex) jefe de la CIA dice que tu arresto es su prioridad, ¿no implica esto que eres una «gran» amenaza al menos para algunas personas? ¿Que te comportas como el jefe de una organización de espionaje? Es que WikiLeaks *es* una organización de espionaje, aunque esté al servicio de la gente, manteniéndola informada de lo que ocurre entre bastidores. Entonces, ¿por qué Assange es una figura

1. Véase por ejemplo: «Inside the strange, paranoid world of Julian Assange», *Buzzfeed.com*, 23 de octubre de 2016: <https://www.buzzfeed.com/jamesball/heres-what-i-learned-about-julian-assange>.
2. Véase por ejemplo: «Is WikiLeaks founder being granted freedom because of bad hygiene?» *Yahoo.com*, 13 de enero de 2018: <https://sports.yahoo.com/wikileaks-founder-granted-freedom-bad-hygiene-213048566.html>.
3. Véase, por ejemplo: «Whistleblower Julian Assange sounds off on #MeToo Twitter campaign», *Newsweek*, 23 de octubre de 2017: <https://www.newsweek.com/julian-assange-sounds-me-too-campaign-690950>.

tan traumática para el sistema? ¿De dónde procede este deseo de venganza ridículamente excesivo? ¿Qué han hecho Assange, sus colegas y otras fuentes de información para merecer esto? En cierto modo, podemos entender a las autoridades: Assange y colegas como Snowden son acusados a menudo de traidores, pero son algo mucho peor (a ojos de las autoridades). Como dijo Alenka Zupančič, el problema es que no están jugando a los habituales «juegos patrióticos» y vendiendo información a otros servicios de inteligencia:

> Aquí nos enfrentamos a algo totalmente distinto. Nos enfrentamos a un gesto que cuestiona la lógica misma, el *statu quo* mismo, que durante bastante tiempo ha servido como único fundamento de toda (no)política «occidental». Se trata de un gesto que, por así decirlo, lo arriesga todo, sin tener en cuenta los beneficios ni lo que está en juego: asume el riesgo porque se basa en la conclusión de que lo que está ocurriendo simplemente está mal. Snowden no propuso ninguna alternativa. Snowden, o mejor dicho, la lógica de su gesto –como, por ejemplo, antes que él, el gesto de Bradley Manning–, es *la* alternativa.[1]

Lo que supuso WikiLeaks se resume muy bien cuando do irónicamente Assange se autodenomina «espía del pueblo»: espiar para el pueblo no es una negación directa del espionaje (que sería más bien actuar como un agente doble, vendiendo nuestros secretos al enemigo); socava el principio universal mismo del espionaje, el principio del

1. Alenka Zupančič, «When I count to ten, you will be dead...», Liubliana, Mladina-Alternative, 2013, p. 31.

205

secreto, ya que su objetivo es hacer públicos los secretos. Pero hay una razón más profunda por la que Assange causa tanta inquietud: ha dejado claro que la amenaza más peligrosa para la libertad no proviene de un poder abiertamente autoritario, sino que tiene lugar cuando nuestra propia falta de libertad se experimenta como libertad. ¿Cómo?

¿Hay algo más «libre» que navegar por internet y buscar los temas que nos gustan? Sin embargo, la mayoría de nuestras actividades (y pasividades) se registran ahora en una nube digital que también nos evalúa permanentemente, rastreando no solo nuestros actos sino también nuestros estados emocionales; cuando nos sentimos libres al máximo (navegando por internet, donde todo está disponible), estamos totalmente «externalizados» y sutilmente manipulados. La red digital da un nuevo significado al viejo eslogan «lo personal es político». Y no solo está en juego el control de nuestra vida íntima: hoy todo está regulado por alguna red digital, desde el transporte a la sanidad, pasando por la electricidad o el agua. Por eso la red es hoy nuestro bien común más importante, y la lucha por su control es *la* lucha de hoy. El enemigo es la combinación de bienes comunes privatizados y controlados por el Estado, las corporaciones (Google, Facebook) y las agencias estatales de seguridad (NSA).

Tomemos el caso de Bill Gates: ¿cómo ha llegado a ser uno de los hombres más ricos del mundo? Su riqueza no tiene nada que ver con unos costes de producción eficientes o unos precios astutos (e incluso se podría argumentar que Microsoft paga a sus trabajadores intelectuales unos salarios relativamente altos); en otras palabras, Microsoft no es mucho más barato o mejor que sus competidores. ¿Por qué, entonces, siguen comprándolo millones de personas? Porque Microsoft se ha impuesto como un estándar casi universal, (casi) monopolizando su campo. Las cosas son similares con Jeff Bezos y Amazon, con Apple, con Facebook, y así sucesivamente. En todos estos casos, los propios bienes comunes –las plataformas (espacios de intercambio e interacción social)– han sido privatizados, lo que nos coloca a nosotros, sus usuarios, en la posición de siervos que pagamos una renta al propietario de un bien común como si fuera nuestro señor feudal.

La riqueza y el poder se concentran cada vez más en manos de unos pocos hombres prodigiosamente influyentes. En el caso de Facebook, Mark Zuckerberg «posee el control unilateral de tres mil millones de personas» gracias a su posición inamovible en la cúpula de Facebook, según declaró la denunciante Frances Haugen a los diputados británicos en 2021, al tiempo que pedía una regulación externa urgente para controlar la gestión de la empresa tecnológica y reducir los daños que está causando a la sociedad.[1] Días después de las revelaciones de Haugen, Zuckerberg anunció que su empresa ya no se llamaría «Facebook», sino «Meta», y esbozó su visión del «metaverso» en un discurso que fue un verdadero manifiesto neofeudal. Como informó la CNN,

Zuckerberg quiere que, en última instancia, el metaverso abarque el resto de nuestra realidad, conectando partes del espacio real de aquí con el espacio real de allá, al tiempo que subsume totalmente lo que consideramos el

---

1. «Facebook whistleblower Frances Haugen calls for urgent external regulation», *The Guardian*, 25 de octubre de 2021: <https://www.theguardian.com/technology/2021/oct/25/facebook-whistleblower-frances-haugen-calls-for-urgent-external-regulation>.

mundo real. En el futuro virtual y aumentado que Facebook ha planeado para nosotros, no es que las simulaciones de Zuckerberg se eleven al nivel de la realidad, es que nuestros comportamientos e interacciones se volverán tan estandarizados y mecánicos que ni siquiera importarán. En lugar de utilizar expresiones faciales humanas, nuestros avatares podrán hacer gestos icónicos como el del pulgar hacia arriba. En lugar de compartir aire y espacio, podremos colaborar en un documento digital. Nuestra experiencia de estar juntos con otro ser humano se limitará a ver su proyección superpuesta en la habitación, como una figura de Pokemon de realidad aumentada.[1]

El metaverso pretende actuar como un espacio virtual más allá (*meta*) de nuestra fracturada y dolorosa realidad, un espacio virtual en el que interactuaremos sin problemas a través de nuestros avatares, con elementos de realidad aumentada (una realidad a la que se superponen signos digitales). Así pues, pretende ser nada menos que metafísica materializada: un espacio metafísico que subsume por completo la realidad, al que solo se podrá acceder de manera fragmentaria en la medida en que se superpondrán pautas digitales que manipularán nuestra percepción e intervención. Y el truco es familiar: el resultado es un mundo común que pasa a la propiedad privada, con un señor feudal privado que supervisa y regula nuestra interacción.

Pero esto no es todo: la amenaza a nuestra libertad que exponen estos reveladores de secretos tiene raíces sistémicas aún más profundas. Hay que defender a Assange

1. Véase «What Zuckerberg's metaverse means to our humanity», *CNN.com*, 29 de octubre de 2021: <https://edition.cnn.com/2021/10/28/opinions/zuckerberg-facebook-meta-rushkoff/index.html>.

no solo porque sus actos avergüenzan a los servicios secretos estadounidenses, sino porque ha desvelado que todas las demás grandes (y no tan grandes) potencias (de China a Rusia, de Alemania a Israel) también son culpables de hacer lo mismo (en la medida en que disponen del potencial tecnológico para hacerlo). Así pues, los actos de Assange han proporcionado un fundamento fáctico a nuestra premonición de que todos estamos vigilados y controlados. La lección es global; va mucho más allá de Estados Unidos. En realidad, no hemos aprendido de Assange (ni de Snowden o Manning) nada que no supiéramos ya con certeza, pero una cosa es saberlo en general y otra obtener datos concretos. Es un poco como saber que la pareja sexual de uno se acuesta con otro(s): uno puede aceptar el conocimiento abstracto de ello, pero el dolor surge cuando uno oye los detalles de lo que estaban haciendo...

Ahora hemos llegado al meollo de todo el asunto. El verdadero objetivo de las revelaciones de Assange somos nosotros: el liberal medio e hipócrita que sabe muy bien lo que hacen discretamente los aparatos del Estado y las grandes empresas, pero prefiere ignorarlo. Públicamente protestamos, al menos de vez en cuando, pero en silencio sabemos que alguien tiene que hacer el trabajo sucio con discreción. Assange bloquea esta salida: nos obliga a asumir públicamente el conocimiento que preferimos ignorar. En este sentido, Assange está luchando por nosotros, contra nuestra complacencia, la complacencia que también explica por qué todavía no hay un gran movimiento en apoyo de Assange, por qué muy pocos «grandes nombres» (como estrellas de cine, escritores o periodistas) están dispuestos a defenderlo. Esta es la complacencia que permite a los que están en el poder seguir ignorándonos.

CONCLUSIÓN: ¿POR DÓNDE EMPEZAR CUANDO YA ES DEMASIADO TARDE?

Así que, por tercera y última vez, ¿qué hacer? Por definición, siempre empezamos a resolver los problemas demasiado tarde, por una sencilla razón: la única alternativa habría sido, en primer lugar, evitar que el problema surgiera en el pasado. Sí, debemos luchar contra el racismo, pero solo podemos hacerlo después de haber permitido que el racismo surja, por lo que nuestra lucha contra él siempre llega demasiado tarde. No hay lugar aquí para un historicismo barato que relativice la injusticia: no es que cosas que antes eran «normales» (la esclavitud, el racismo, la opresión sexual) sean ahora inaceptables porque nuestra cultura y sensibilidades hayan cambiado. Deberíamos hacer precisamente lo que prohíbe la relativización historicista: medir el pasado con los criterios actuales. Una vez que vemos que la esclavitud está mal, vemos simultáneamente que *siempre* estuvo mal, y nos volvemos capaces de leer la historia de otra manera y descubrir —por ejemplo— que las revueltas de esclavos ocurrían constantemente.

Entonces, ¿qué debemos hacer ahora, cuando ya es demasiado tarde? Una y otra vez surgen oportunidades únicas para la acción, oportunidades no solo para hacerlo

211

lo mejor posible en una situación dada, sino para cambiar las propias coordenadas de la situación. Escribo estas líneas en el primer aniversario del ataque ruso a Ucrania. Lo primero que hay que hacer en este día es reconocer y celebrar la resistencia ucraniana, que sorprendió a todos, incluidos sus aliados, y puede que incluso a muchos ucranianos. En relación con ello hay otro cambio positivo en Ucrania, como ha informado Kateryna Semchuk:

> El deseo del pueblo de que se haga justicia en el país no ha disminuido. Si acaso, se ha hecho más fuerte, y con razón, ya que la mayoría de los ciudadanos están arriesgando sus vidas para luchar contra la amenaza genocida que supone Rusia. La gente se ha implicado de manera muy personal en el futuro de Ucrania, está más sensibilizada que nunca acerca de hacia dónde vamos como país y cómo deberían ser las cosas después de la guerra.[1]

Esperemos que la actual campaña anticorrupción se convierta en un cuestionamiento más radical sobre «cómo deberían ser las cosas después de la guerra»: ¿debería Ucrania simplemente ponerse al nivel de la democracia liberal occidental y aceptar ser colonizada económicamente por las grandes corporaciones occidentales? ¿Se unirá a la reacción neoconservadora, como hizo Polonia? ¿Se arriesgará a intentar resucitar la vieja socialdemocracia? Este momento ofrece la posibilidad de actuar de verdad: no solo repeler

1. «We have strikes, protests and scandals – Ukraine is more than a warzone», *The Guardian*, 22 de febrero de 2023: <https://www.the guardian.com/commentisfree/2023/feb/22/strikes-protests-scandals-ukraine-warzone>.

la agresión rusa, sino utilizarla para poner en marcha una transformación social radical.

Otro aspecto que hay que señalar son las repercusiones internacionales de la invasión rusa: para condenar realmente el colonialismo de Rusia, deberíamos considerar Ucrania junto a otros casos neocoloniales, como el de Israel y Palestina. Es cierto que Israel no ocupa Cisjordania como resultado de una invasión, sino tras la guerra de 1967, que perdieron las naciones árabes, y que su régimen de ocupación militar dura ya más de medio siglo. Pero el hecho de que la gran mayoría de los palestinos de Cisjordania hayan nacido bajo la ocupación, sin una perspectiva clara de conseguir algún tipo de Estado, y obligados a ver impotentes cómo los colonos judíos se apropian gradualmente de sus tierras, provoca que su resistencia sea más que comprensible. Pero mientras nuestros medios de comunicación alaban la «heroica resistencia» ucraniana, la solidaridad con los palestinos de Cisjordania que se resisten a la expansión de los asentamientos ilegales es escasa. Por lo general, como hemos visto, esa solidaridad se denuncia instantáneamente como antisemita.

Pero ahora, con el nuevo gobierno israelí inmerso en la anexión *de facto* de Cisjordania, el paralelismo con Rusia se ha vuelto mucho más pertinente. En diciembre de 2022, el gobierno declaró que el pueblo judío tiene un «derecho exclusivo e indiscutible a *todas las partes de la Tierra de Israel*» (que, según la tradición judía, fue prometida al pueblo judío por Dios, e incluye Judea y Samaria, o Cisjordania). Además, afirmó que «la soberanía israelí se aplicará a Cisjordania», y anunció el cambio «de la ley de ocupación a una aplicación de la ley nacional israelí», es decir, en realidad una anexión, aunque no se le dé este nombre. Lo que esto significa es, entre otras cosas, un «cambio en la ley de propiedad del enemigo que "liberará" las propiedades de Cisjordania que estaban en manos de israelíes antes de 1948 para que estos puedan recuperarlas».[1] (¿Pero por qué no se hace lo mismo con las propiedades palestinas en Israel?)

En principio, este cambio podría ser un gesto progresista, ya que implica que «ya no puede justificarse la aplicación de regímenes jurídicos diferentes a israelíes y palestinos de Cisjordania». Sin embargo, Israel se enfrentará a un problema: si Cisjordania pasa a formar parte de Israel, ¿qué hacer con los más de dos millones de palestinos que viven allí? Si se les convierte en ciudadanos israelíes normales, formarán, junto con los actuales palestinos israelíes, un bloque de votantes muy fuerte, lo que sin duda es inaceptable para el actual gobierno israelí. (Ahí reside, además, la verdadera razón por la que Israel no se ha anexionado ya Cisjordania). ¿Cómo evitarlo? Solo hay dos opciones: o expulsar de Israel a tantos palestinos como sea posible, o imponer «un régimen institucionalizado de opresión y dominación sistemáticas de un grupo racial sobre otro, con la intención de mantener este régimen, conocido también como apartheid».[2]

Entonces, en el Israel actual, ¿qué sería un verdadero acto político? Desde principios de 2023 el país se ha visto sacudido por manifestaciones contra el nuevo gobierno de derechas y su brutal política que, entre otras cosas, propone subordinar el poder judicial independiente al poder

1. «Israel is annexing the West Bank. Don't be misled by its gaslighting», *Just Security*, 9 de febrero de 2023: <https://www.justsecurity.org/85093/israel-is-annexing-the-west-bank-dont-be-misled-by-its-gaslighting/>.
2. Ibíd.

político. Sin embargo, estos cientos de miles de manifestantes liberales y amantes de la libertad han ignorado más o menos por completo la difícil situación de los palestinos (el veinte por ciento de la población), que obviamente serán los que más sufran las consecuencias del nuevo gobierno y sus leyes. En sí mismas, sus protestas no suponen realmente una amenaza para el apartheid israelí; actúan como si este descontento fuera un asunto interno de los judíos. En tales condiciones, actuar de verdad sería proponer una gran coalición democrática que incluyera a los palestinos. Un acto así sería muy arriesgado, porque rompería una regla no escrita de la política israelí; sin embargo, solo una coalición así, un cambio así en las coordenadas de lo que parece posible, puede impedir que Israel se convierta en otro Estado racista y fundamentalista religioso.

Con todos sus horrores, la guerra en Ucrania ofrece otra gran oportunidad. Apoyo plenamente la postura básica del Partido Verde alemán, que no solo aboga por ponerse por completo de parte de Ucrania, sino también por aprovechar la actual crisis del petróleo y el gas como una oportunidad única para hacer que nuestras industrias sean más ecológicas. Los Verdes alemanes van así en una dirección exactamente opuesta a la de la política occidental dominante, que todavía no sabe muy bien cómo ayudar a Ucrania limitando al mismo tiempo el impacto de esta «ayuda» sobre nuestro actual modo de vida. El plan de los Verdes es, más bien, utilizar la guerra de Ucrania de forma positiva: verla no solo como un obstáculo, sino como un incentivo para una reorientación general de nuestra economía y nuestra vida social. Como ha dicho Joseph Stiglitz:

> Es un error pensar que se puede ganar la guerra con una economía de tiempos de paz. Ningún país ha preva-

215

lecido jamás en una guerra seria sin intervenir en los mercados. Lo cierto es que los mercados se mueven con demasiada lentitud para el tipo de cambios estructurales importantes que se requieren.[1]

Esta conclusión debería universalizarse: cuando nos enfrentemos a nuevas crisis mundiales, tendremos que actuar rápida, decidida y globalmente. El comentario de Simon Jenkins a propósito de la crisis del Sistema Nacional de Salud del Reino Unido debe tomarse más al pie de la letra de lo que tal vez él pretendía:

> Esta crisis del sistema sanitario es histórica: solo puede afrontarse en pie de guerra. Porque lo que tenemos es un estado de emergencia. Nada disminuye el apoyo y el afecto por el personal de primera línea. Como los soldados en tiempos de guerra, son trabajadores a los que la gente acude instintivamente cuando todo parece perdido.[2]

La situación es similar en toda Europa, desde Alemania hasta mi propia Eslovenia. Para hacer frente a nuestras crisis crecientes, desde las amenazas al medioambiente hasta las guerras, necesitaremos elementos de lo que, en este libro, llamo provocativamente «comunismo de guerra»:

1. Joseph Stiglitz, «Wars aren't won with peacetime economies», *Project Syndicate*, 17 de octubre de 2022: <https://www.project-syndicate.org/commentary/west-needs-war-economics-energy-food-supply-shortages-by-joseph-e-stiglitz-2022-10>.
2. Simon Jenkins, «This NHS crisis is historic – a war footing is the only way to deal with it», *The Guardian*, 2 de enero de 2023: <https://www.theguardian.com/commentisfree/2023/jan/02/britain-nhs-crisis-war-footing-pandemic>.

movilizaciones que tendrán que violar no solo las reglas habituales del mercado, sino también las reglas establecidas de la democracia (aplicar medidas y limitar las libertades sin la aprobación democrática).

Recientemente se ha publicado una recopilación de entrevistas breves y encuentros con Bertolt Brecht (en gran medida ignorados u olvidados) bajo el título *Nuestra esperanza hoy es la crisis*.[1] Seamos lo bastante valientes para suscribir plenamente esta idea: en lugar de limitarnos a intentar escapar, posponer o minimizar la amenaza que suponen los cuatro nuevos jinetes del apocalipsis; en lugar de seguir morando en nuestra melancólica apatía y seguir sumidos en una frenética inactividad, movilicémonos para atacar las raíces de nuestra crisis, con todos los riesgos que ello conlleva. Porque hoy el mayor riesgo es no hacer nada y dejar que la historia siga su curso.

1. Véase Bertolt Brecht, *Unsere Hoffnung heute ist die Krise*, ed. Noah Willumsen, Frankfurt, Suhrkamp Verlag, 2023.

ÍNDICE